AF196371

Filmsprache
von A bis Z

Herausgegeben von   Olaf Schneider

Erarbeitet von   Katharina Barkowsky
Kerstin Hüsemann
Johannes Rose
Olaf Schneider

Übersetzt von:	Carsten Panitz
Visual Markers:	Barbara Schneider/Lena Schekelmann
Umschlagmotiv:	Tom Tykwer (l.) und Ben Whishaw (4. v.r.) am Set von „Das Parfüm", 2006

© 2016 Bildungshaus Schulbuchverlage
Westermann Schroedel Diesterweg Schöningh Winklers GmbH
Braunschweig, Paderborn, Darmstadt

www.schoeningh-schulbuch.de
Schöningh Verlag, Jühenplatz 1– 3, 33098 Paderborn

Das Werk und seine Teile sind urheberrechtlich geschützt.
Jede Nutzung in anderen als den gesetzlich zugelassenen Fällen bedarf der
vorherigen schriftlichen Einwilligung des Verlages.
Hinweis zu § 52a UrhG: Weder das Werk noch seine Teile dürfen ohne eine
solche Einwilligung gescannt und in ein Netzwerk gestellt werden.
Das gilt auch für Intranets von Schulen und sonstigen
Bildungseinrichtungen.

Auf verschiedenen Seiten dieses Buches befinden sich Verweise (Links) auf
Internet-Adressen. Haftungshinweis: Trotz sorgfältiger inhaltlicher Kontrolle
wird die Haftung für die Inhalte der externen Seiten ausgeschlossen. Für
den Inhalt dieser externen Seiten sind ausschließlich deren Betreiber verantwortlich. Sollten Sie dabei auf kostenpflichtige, illegale oder anstößige
Inhalte treffen, so bedauern wir dies ausdrücklich und bitten Sie, uns um-
gehend per E-Mail davon in Kenntnis zu setzen, damit beim Nachdruck der
Verweis gelöscht wird.

Druck A 5 4 3 2 1 / Jahr 2020 19 18 17 16
Alle Drucke der Serie A sind im Unterricht parallel verwendbar.
Die letzte Zahl bezeichnet das Jahr dieses Druckes.

Umschlaggestaltung: Franz-Josef Domke, Hannover
Umschlagabbildungen: © action press/EVERETT COLLECTION, INC. (U1);
© fergregory – Fotolia.com (U4)
Druck und Bindung: westermann druck GmbH, Braunschweig

ISBN 978-3-14-022700-1

Vorwort

Das vorliegende Lexikon enthält weit über 300 Einträge zu den verschiedensten Themen der Filmsprache und Filmtechnik. Neben der Vermittlung von grundlegenden Begriffen aus den Bereichen Kinematographie und Schnitt wird auch der häufig dem Kunstunterricht vorbehaltene Bereich von Farbe und Komposition in Grundzügen aufgegriffen. Nicht zuletzt findet auch der große Bereich des Tons seine Berücksichtigung in diesem Nachschlagewerk.

Filmsprachliche Mittel sind aber nicht einfach nur zu benennen, sondern sollten immer im Hinblick auf ihre narrative, ästhetische und auch emotionale Funktion bzw. Wirkung eingeordnet werden. Den konventionalisierten Gebrauch dieser filmsprachlichen Mittel und ihrer Funktions- und Wirkungsaspekte versucht das Lexikon ebenfalls beispielhaft aufzuzeigen.

Obwohl auf nahezu allen Filmsets weltweit englische Fachbegriffe verwendet werden, um über die kreative Gestaltung der Einstellungen, die technischen und ökonomischen Aspekte der Produktion und der anschließenden Postproduktion (Nachbearbeitung) zu kommunizieren, führt dieses Lexikon die deutschen Begriffe auf, liefert zu jedem Eintrag aber auch die passende englische Übersetzung.

Filmfachbegriffe stammen jedoch nicht nur aus der technischen Produktion, sondern auch aus dem Bereich der akademischen Filmanalyse (film studies). Die dort verwendeten Begriffe sollen den fertigen Film im Nachhinein beschreibbar und analysierbar machen; es geht dabei also um ein besseres Verständnis des ästhetischen Produkts Film.

Diese besondere Ausgangssituation lässt die Beschäftigung mit Filmsprache häufig komplizierter als notwendig erscheinen. Mithilfe eines kompakten Nachschlagewerks soll daher der Versuch unternommen werden, hinter die Fachsprache, den *Jargon*, zu blicken und die den technischen bzw. akademischen Begriffen zugrunde liegenden Ideen kurz und präzise zu verdeutlichen.

Unterstützt werden die Erklärungen von zahlreichen Visualisierungen und Infografiken, sodass auch ein bildorientiertes Nachschlagen ermöglicht wird. Die prägnanten „Visual Marker" sind dabei nach den drei Hauptbereichen der Filmsprache farbig geordnet:

- rote Marker stehen für Begriffe aus dem Schnitt und der Postproduktion,
- blaue Marker für Begriffe aus dem Bereich Einstellung und Kinematographie und
- grüne Marker für Begriffe, die mit dem Ton (Geräusche und Musik) zu tun haben.

Wir wünschen Ihnen nun viel Freude und interessante Einsichten bei Ihren eigenen „film studies"!

Abblende *(fade-out)*

Der Bildschirm verliert schrittweise Kontrast und Helligkeit, bis er komplett schwarz wird oder, in selteneren Fällen, komplett in einer anderen Farbe erscheint. Beim → **Kontinuitätsprinzip** werden Abblenden und → **Aufblenden** vor allen Dingen genutzt, um eine temporale Diskontinuität zu überbrücken.

Abblende, Aufblende *(fade-out, fade-in)*

Eine Überblende, bei der die erste Einstellung allmählich zu schwarz (in selteneren Fällen auch weiß) → **abgeblendet** wird. Darauf folgt nach kurzer Pause während eines einfarbigen Bildschirms eine allmähliche → **Aufblende** der zweiten Einstellung.

Abstrakter Film *(abstract film)*

Eine spezielle Form des → **Experimentalfilms**, in der narrative Elemente wie eine logische Erzählstruktur und Schauspielerei ganz oder teilweise fehlen. Abstrakte Filme fokussieren gewöhnlich die einzigartigen visuellen Qualitäten von Bewegung, Rhythmus, Licht und → **Komposition**, also die verschiedenen Elemente, die das technische Medium Film von sich aus bereithält.

Achsensprung *("crossing the line")*

Verletzung der → **180-Grad-Regel**.

Allwissende Kamera *(omniscient camera)*

Ein Konzept, bei dem die Kamera (als der visuelle Erzähler) eine allwissende → **Erzählperspektive** einnimmt, also über alles „Bescheid weiß" (und alles sieht), was innerhalb der Geschichte passiert. Dazu gehören die Gedanken der Charaktere, aber auch die Kenntnis über alle Ereignisse, Orte, Gespräche und das gesamte Handlungsgeschehen. Eine allwissende Kamera greift oft der anstehenden Handlung voraus, zum Beispiel durch eine Veränderung der

→ **Einstellungsgröße**, der → **Perspektive**, des → **Fokus** oder durch → **Kamerabewe-gungen**. Die allwissende Erzählperspektive steht im Kontrast zur subjektiven Erzähl-perspektive (→ **subjektive Sicht**).

Analoge Farben *(analogous colours)*

Farben, die auf dem Farbkreis direkt nebeneinanderliegen, wie zum Beispiel Grün und Gelb oder Orange und Rot. Analoge Farben wirken zu-sammen sehr harmonisch, weshalb sie gerne kombiniert und für Farbschemata ver-wendet werden. Für weiterfüh-

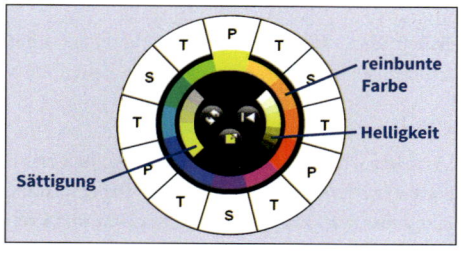

rende Informationen siehe die Einträge zu → **Triadischen Farben** und zum → **Farb-schema**.

Anamorphotische Linse, anamorphotisches Objektiv *(anamorphic lens)*

Eine spezielle Kameralinse, die eine Breitwandaufnahme so weit staucht und verzerrt, dass sie auf einen Standardfilm passt. Im Kino verfügt die Linse des Projektors über die gegenläufige Funktion, sodass dort das Bild wieder auf sein normales Bildformat von 2,35:1 (Cinemascope) entzerrt wird. Ultra-Panavision 70, mit einem Bildformat von 2,76:1, ist ein weiteres Beispiel für ein anamorphotisches Format, bei dem spezielle Linsen an Kamera und Projektor genutzt werden.

Anschlussfehler *(continuity errors)*

Die meisten narrativen Filme bemühen sich um die Illusion einer Kontinuität von Zeit, Raum, Handlung und Vollständigkeit mithilfe des → **Kontinuitätsprinzips**.
Anschlussfehler sind Fehler in der narrativen, visuellen oder auditiven Kontinuität eines Films, die entweder während des Drehs auftauchen oder sich in der → **Post-produktion** (vor allen Dingen im → **Schnittprozess**) ergeben.
Anschlussfehler sind relativ häufig, da die → **Einstellungen** und → **Szenen** eines Films normalerweise nicht in der Reihenfolge gedreht werden, in der sie später im fertigen Film gezeigt werden. Die meisten Anschlussfehler sind sehr subtil: Veränderungen in der Menge des Inhalts von Gläsern oder der Länge von Zigaretten usw. Andere An-schlussfehler sind auffälliger. Dazu gehören beispielsweise drastische Veränderungen in der äußeren Gestalt von Charakteren in Form einer unerklärlichen Veränderung der

Kleidung von einer Einstellung zur nächsten. Normalerweise sind solche Fehler unerwünscht, da sie die Illusion von Film als kontinuierlich fortlaufende Handlung erheblich stören können.

Nichtsdestotrotz können sie einen vergnüglichen Zeitvertreib für Filmenthusiasten darstellen, die versuchen, so viele Anschlussfehler wie möglich auszumachen.

Anschlussschnitt *(match cut)*

Eine Art der → **Überblendung** zwischen zwei → **Einstellungen**, die typischerweise Aufmerksamkeit auf sich zieht, weil sie ein oder mehrere Elemente der beiden verbundenen Einstellungen betont, die sich sehr ähnlich. Diese Ähnlichkeit zwischen den Einstellungen kann eine Form  beinhalten, eine Farbe oder eine Bewegung eines beteiligten Objekts oder einer beteiligten Figur (grafischer Anschluss). Möglich ist aber auch eine metaphorische Beziehung zwischen den beiden aufeinanderfolgenden Einstellungen, wenn bestimmte betonte Elemente miteinander vergleichbar oder analog sind (metaphorischer Anschluss).

Anspielung *(allusion)*

Ein kurzer indirekter Verweis auf eine Person, ein Objekt, einen Ort oder ein Ereignis, das nicht explizit genannt wird. Anspielungen basieren meist auf bestimmten Informationen oder Wissen, das beim Publikum vorausgesetzt wird, sodass der Regisseur davon ausgehen kann, dass sie von den Zuschauern wahrgenommen werden können.

Arthouse-Film (auch: Arthaus-Film, *art house film*)

Ein Arthouse-Film ist typischerweise ein ernsthafter, nicht-kommerzieller Film, der in der Regel unabhängig von großen Produktionsfirmen produziert wurde. In Arthouse-Filmen wird mit den allgemein anerkannten Konventionen des kommerziellen Kinos oftmals bewusst gebrochen. In den USA werden häufig auch fremdsprachige Filme zu den Arthouse-Filmen gezählt, obwohl sie in ihrem Herkunftsland mitunter von einer großen Produktionsfirma realisiert worden sind und dort bereits große kommerzielle Erfolge erzielen konnten. Für gewöhnlich sind Arthouse-Filme aber eher an ein begrenztes Publikum gerichtet und nicht für den Massenmarkt gedacht.

Atmo *(ambient sound)*

→ **Diegetische** Klänge und Geräusche, die offensichtlich innerhalb der Filmwelt entstehen und nicht, wie zum Beispiel → **Filmmusik** oder ungewöhnliche → **Toneffekte**, außerhalb erzeugt werden. Der Begriff  Atmo ist die Kurzform für Atmosphäre und bezieht sich auf die natürlichen Hintergrund- und Nebengeräusche einer → **Szene** oder eines → **Drehortes**.

Klassische Atmo-Geräusche sind zum Beispiel das Rauschen des Windes, das Plätschern von Wasser, singende Vögel, die vielen Einzelgeräusche einer großen Menschenansammlung oder Verkehrslärm.

Atmos erfüllen im Film verschiedene Funktionen wie zum Beispiel:

- das Sicherstellen von akustischer Kontinuität zwischen zwei Einstellungen (siehe → **Kontinuitätsprinzip**),
- das Vermeiden von unnatürlicher Stille,
- die Erzeugung und Unterstützung der Stimmung einer Szene.

Aufblende *(fade-in)*

Beginnend mit einer einfarbigen (meist schwarzen) Fläche wird der Bildschirm langsam mit Kontrast und Helligkeit gefüllt, bis das endgültige Bild aufgeblendet ist. Beim → **Kontinuitätsprinzip** werden Aufblenden und → **Abblenden** vor allen Dingen genutzt, um eine temporale Diskontinuität zu überbrücken.

Auf-Geräusch-Schneiden *(cutting on sound)*

Eine → **Montagetechnik**, bei der ein lautes oder unerwartetes Geräusch einen → **Schnitt** motiviert oder verschleiert.

Auflösung (Ende, *closure*)

Ein Ende, das eine Geschichte annähernd vollständig abschließt. Ein Film mit Auflösung lässt den Zuschauer nicht zurück, ohne die wichtigsten Fragen über den Ausgang der Geschichte beantwortet zu haben. Ein Happy End ist eine Form von Auflösung, in der so gut wie alle Konflikte der Geschichte zum Wohle des Hauptcharakters gelöst werden.

Aufnahme *(take)*

Eine der vielen gefilmten Varianten einer Einstellung. Im Prozess der → **Postproduktion** wird die passendste Aufnahme für die Endfassung des Films ausgewählt.

Aufsicht *(high angle)*

Eine Einstellung, die aus einer Höhe oberhalb der Augenhöhe einer Figur gefilmt wurde. Die Perspektive von oben erzeugt optische Verzerrungen, die den oberen Teil einer Figur oder eines Objekts besonders groß und den unteren Teil besonders klein erscheinen lassen. Die Sicht von oben

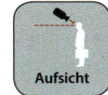

herab versetzt den Zuschauer zudem in eine privilegierte Position. Weil die optischen Verzerrungen dazu führen, dass eine betrachtete Person kleiner und gedrungener erscheint als sie in Wirklichkeit ist, wirkt die Person in vielen Fällen außerdem besonders hilflos oder verletzlich. In Kombination mit einer → **Großaufnahme** können Aufsichten ein Gefühl von Panik und Klaustrophobie erzeugen. Weitere Informationen finden sich in den Artikeln zu → **Kameraperspektive**, → **Vogelperspektive**, → **Augenhöhe**, → **Untersicht**, → **Froschperspektive** und → **Gekippter Winkel**.

Augenhöhe/Normalsicht *(eye-level angle)*

Eine Einstellung, die von der Augenhöhe einer Person aufgenommen wird, in der die Augen der Person auf der Horizontlinie liegen und die so die Aufmerksamkeit des Zuschauers auf das Gesicht und die Augenpartie konzentriert. Einstellungen auf Augenhöhe werden normalerweise  genutzt, um dem Zuschauer den Eindruck zu vermitteln, er „agiere" auf der gleichen Ebene wie die gefilmte Person (kein Hinauf- oder Herabsehen auf die Person). Gleichzeitig sind Einstellungen auf Augenhöhe eher neutral konnotiert und evozieren so keine extremen Gefühle oder Interpretationen. Für weitere Informationen siehe die Einträge zu → **Kameraperspektiven**, → **Aufsicht**, → **Vogelperspektive**, → **Untersicht**, → **Froschperspektive** und → **Gekippter Winkel**.

Äußerlich, äußere/r/s *(exterior)*

Nicht Teil der filmischen Welt; → **nicht-diegetisch**.

Autorentheorie *(auteur theory)*

Eine Filmtheorie, in der davon ausgegangen wird, dass ein Film die ganz besondere kreative und künstlerische Vision des Regisseurs widerspiegelt. Durch seinen starken Einfluss auf den gesamten Schaffensprozess und die große Verantwortung, die er für das Endprodukt trägt, wird der Regisseur eines Films als dessen „auteur" (Französisch für „Autor") verstanden. Eine zentrale Haltung der Autorentheorie besteht darin, einzelne Filme eines Regisseurs als Teile seines künstlerischen Gesamtwerkes zu begreifen, die seinen einzigartigen cineastischen Stil vertreten. Aus diesem Grund hat die Autorentheorie auch einen recht großen Einfluss auf Filmkritiken. Sie ist zudem eng mit der französischen → **Nouvelle Vague** verknüpft und mit Filmkritikern, die für das bedeutende französische Filmmagazin *Cahiers du cinéma* schrieben.

Avantgarde-Film *(avant-garde film)*

Siehe → **Experimentalfilm**.

Beleuchtung *(lighting)*

Die gezielte Platzierung und Einrichtung von Lampen und anderen Lichtquellen, um bestimmte ästhetische und/oder praktische Effekte zu erzielen. Zu unterscheiden ist zwischen Licht, das von dekorativen Lichtquellen innerhalb der → **Mise-en-Scène** ausgeht (→ **vorhandenes Licht**), und Beleuchtung, die von außen der Szenerie hinzugefügt wird (→ **externes Licht**), um entweder vorhandene Lichtquellen zu unterstützen oder für besser kontrollierbare Lichtverhältnisse zu sorgen. Die Beleuchtung ist ein wichtiges Mittel zum Erzeugen von Stimmungen. Sie hilft dabei, bestimmte Objekte im filmischen Raum hervorzuheben, und kann einer eigentlich unscheinbaren Szene auf subtile oder expressive Weise eine tiefere Bedeutung verleihen. Zudem können Licht und Schatten selbst zu grafischen Elementen werden, die der Mise-en-Scène ein harmonisches oder disharmonisches Aussehen verleihen. Gezielt gesetzte Lichtquellen erzeugen manchmal Bewegungs**vektoren**, die Blicke lenken oder auch verwirren können. Siehe auch → **Lichtqualität**, → **Schlagschatten**, → **Eigenschatten**, → **Drei-Punkt-Licht**, → **High-Key-Stil** und → **Low-Key-Stil**.

Belichtetes Filmmaterial *(footage)*

Belichtetes und ungeschnittenes → **Filmmaterial**.

Bewegungsschnitt *(cutting on action)*

Eine → **Montage**technik, bei der der Cutter von einer → **Einstellung** zu einer nächsten Einstellung schneidet und zwar so, dass Bewegungen und Dynamik aus der ersten Einstellung in der zweiten Einstellung fortgeführt werden. Obwohl die Aufnahmen beider Einstellungen in Wirk-  lichkeit mitunter Stunden oder Tage auseinanderliegen oder an gänzlich verschiedenen → **Drehorten** spielen (vgl. → **Kulisse** vs. → **Originaldrehort**), erzeugt die Konvention des Bewegungsschnitts den Eindruck zeitlicher und räumlicher Kontinuität. Der Cutter erzeugt im Grunde eine Brücke zwischen einer Einstellung, in der ein Charakter mit einer Handlung beginnt, und einer anderen Einstellung, in der er seine Handlung abschließt. Gleichzeitig verbirgt er so geschickt → **Anschlussfehler**, indem er die Aufmerksamkeit vom Schnitt auf die scheinbar fortlaufende Handlung lenkt.

Bewegungsvektor *(motion vector)*

Siehe → **Vektoren**.

Bild/Kader *(frame)*

(1) Ein einzelnes Bild auf einem Filmstreifen. Einzelbilder sind die kleinste kompositorische Einheit in der Gesamtstruktur eines Films. Mehrere Einzelbilder bilden eine → **Einstellung**. Werden mehrere Einzelbilder hintereinander in einer bestimmten Geschwindigkeit abgespielt, erzeugt dies die Illusion von Bewegung. (2) Der Kader (auch: Bildrahmen) bezeichnet den rechteckigen Bereich, innerhalb dessen der Filmemacher das Filmbild → **komponiert**. Einfacher gesagt ist der Kader das, was man innerhalb der rechteckigen Bildfläche sieht.

Bildgestaltender Kameramann *(Director of Photography)*

Auch: Chefkameramann. Siehe → **Kameramann**.

Blende *(aperture)*

Eine Öffnung an fotografischen Geräten, durch welche Licht in die Linse fällt. Normalerweise ist die Blende justierbar, sodass die einfallende Lichtmenge geregelt werden kann. Die Blendengröße reguliert dabei, wie stark der Film belichtet wird. Eine Verkleinerung der Blende vergrößert die → **Tiefenschärfe**; ihre Vergrößerung hat dementsprechend eine geringere Tiefenschärfe zur Folge.

Blickachse *(sight line)*

Eine gedachte Linie, die zwischen den Augen eines Charakters und einem Objekt oder einer Person, auf die der Charakter blickt, verläuft. Blickachsen lenken die Aufmerksamkeit der Zuschauer auf einen bestimmten Bereich innerhalb der → **Mise-en-Scène** (dies ist besonders in → **langen Einstellungen** wichtig, die ohne Schnitt und Montage auskommen). In seltenen Fällen kommt es vor, dass ein Charakter seinen Blick direkt in die Kamera richtet (siehe → **90-Grad- Einstellung**), sodass beim Zuschauer der Eindruck entsteht, der andere blicke ihn direkt an. Weil dieser Effekt aber sehr aufdringlich wirkt und den Zuschauer zu einer unmittelbaren Auseinandersetzung mit seinem (scheinbaren) Gegenüber zwingt, wird eine derart konfrontierende Adressierung des Zuschauers in Filmen, die den Konventionen der → **Kontinuitätsmontage** folgen, für gewöhnlich vermieden. Die Blickachsen mehrerer Charaktere können sich so treffen, dass sie geometrische Formen ergeben (z. B. ein → **Dreieck**), weshalb Blickachsen bei der Analyse der → **Bildkomposition** berücksichtigt werden sollten.

Blickachsenanschluss *(eyeline match)*

Eine filmische → **Montage**praxis, die das Ziel hat, die einem Blick oder einer Blickrichtung innewohnende Logik zu gewährleisten. Schaut ein Charakter auf ein Objekt oder eine Person, das/die außerhalb des Filmbildes liegt (→ **Blickeinstellung**), folgt im Regelfall ein Blickachsenan-

Blickachsen-
anschluss

schluss, also eine Einstellung, in der gezeigt wird, was der Charakter sieht (normalerweise ist diese dann eine → **subjektive Einstellung**). Blickachsenanschlüsse nehmen Bezug auf räumliche Gegebenheiten, Positionen von Objekten und Personen, wie sie in früheren Einstellungen gezeigt wurden, und sind somit ein wichtiges Instrument, um im Film räumliche → **Kontinuität** zu erzeugen und aufrechtzuerhalten. Während der Montage eines Blickachsenanschlusses findet zudem die → **180-Grad-Regel** Berücksichtigung. Eine → **subjektive Einstellung** ist ein spezieller Fall eines Blickachsenanschlusses, bei dem der Zuschauer exakt das sieht, was der Protagonist sieht.

Blickeinstellung *(gaze shot)*

Eine Einstellung, die eine Person zeigt, die etwas oder jemanden anschaut (*to gaze*), das oder der sich außerhalb des Bildes (→ **offscreen**) befindet. Gaze shots werden oft in Kombination mit einer → **subjektiven Sicht** benutzt, die den Zuschauer für einen kurzen Moment die Position der handelnden Figur einnehmen lässt: Zum Beispiel sehen wir zunächst die Person, die plötzlich in den Himmel guckt (gaze shot) und nach einem → **Schnitt** ist das nächste Bild eine subjektive Einstellung von einem Flugzeug aus der Sicht der Person.

Bogenfahrt *(arc shot)*

Siehe → **Kreisfahrt**.

Bokeh

In der Fotografie und in der Kinematografie steht der Begriff Bokeh für die unscharfen Bereiche eines Bildes, kann aber auch die ästhetische Qualität der → **Unschärfe** außerhalb des fokussierten Bildbereichs meinen.

Typisches Bokeh-Muster von verschwommenen Lichtern in der Nacht

Breite (des Filmstreifens, *gauge*)

Meint die Breite des → **Filmmaterials**. Übliche Maße dabei sind 8 mm, 16 mm, 35 mm und 65/70 mm (in diesem Fall 65 mm Breite des Negativs und 70 mm Breite der Vorführkopie). In der Vergangenheit gab es auch noch andere Maße der Breite des Filmstreifens.

Breitwandformat *(widescreen)*

Ein Film, mit einem → **Seitenverhältnis** *(aspect ratio)* größer als das → **Standard-seitenverhältnis** von 1,33:1 (bzw. 4:3). Seit den 1960er-Jahren hatten die meisten Kinofilme ein Seitenverhältnis von 1,85:1. Heute ist hingegen ein Seitenverhältnis von 2,35:1 üblich. Breitwandformate haben besondere visuelle Eigenschaften, wodurch sie eine andere Nutzung des → **Raumes** ermöglichen als das Standardformat mit seinem Seitenverhältnis von 1,33:1.

Brennweite *(focal length)*

Die Brennweite einer optischen Linse wird daran gemessen, wie stark sie Lichtstrahlen zusammenführt (fokussiert) oder auseinanderlaufen lässt (defokussiert). Eine Linse mit kurzer Brennweite biegt die Lichtstrahlen stärker und holt so denn Brennpunkt (Fokus) näher heran. In der Kinematografie sowie der Fotografie werden lange Brennweiten (wie im Falle von → **Teleobjektiven**) mit der Vergrößerung von weit entfernten Objekten und einem kleineren Bildwinkel assoziiert. Umgekehrt sorgt eine kurze Brennweite (wie bei einem → **Weitwinkelobjektiv**) für einen größeren Bildwinkel.

Cameo

Ein Cameo-Auftritt (oder nur Cameo) ist der kurze Auftritt einer bekannten Persönlichkeit in einem Film. Meist handelt sich um sehr kleine Rollen, die oftmals ohne gesprochenen Text auskommen. In manchen Fällen spielt die Person auch sich selbst, beispielsweise indem ein berühmter Musiker in die Handlung eingebunden wird. Oft haben auch Regisseure einen kurzen Cameo-Auftritt in ihren eigenen Filmen und fügen ihnen so noch eine persönliche Signatur hinzu. So nutzte beispielsweise Alfred Hitchcock diese Möglichkeit sehr häufig und erschien in seinen Filmen regelmäßig als unbeteiligter Schaulustiger oder Passant. Tatsächlich haben insbesondere Hitchcocks berüchtigte Cameo-Auftritte diesen Begriff erst einem größeren Publikum bekannt gemacht. Im Abspann werden die Akteure der Cameo-Auftritte meistens nicht genannt.

CGI

Siehe → **Computerbasierte Bildgestaltung** *(Computer-Generated Imagery)*.

Cheat Cut („täuschender Schnitt")

Eine Verbindung zwischen zwei → **Einstellungen**, bei der die zweite Einstellung von einer Position aus gefilmt wurde, die aufgrund der Anordnung von Personen und Objekten der ersten Einstellung eigentlich nicht möglich sein sollte. Indem die beiden Einstellungen nicht mehr logisch miteinander verbunden zu sein scheinen, erzeugen Cheat Cuts den Eindruck von Diskontinuität. Ein Beispiel wäre, wenn die Kamera nach einem Schnitt auf eine Position gewechselt hat, an der in der vorherigen Einstellung eine Wand zu sehen war. Es ist einfacher, Cheat Cuts in einer → **Kulisse** in einem Filmstudio umzusetzen als an einem → **Originaldrehort**, da Teile der Kulisse oftmals beweglich sind, sodass eine Wand leicht aus dem Weg geschoben werden kann.

Chiaroscuro

Besonders starke → **Kontraste** zwischen hellen und dunklen Bildbereichen werden Chiaroscuro genannt (italienisch für „hell-dunkel"). Der Begriff stammt aus der Malerei und beschreibt einen Malstil, der im Barock sehr beliebt war. Für weitere Informationen siehe die Einträge über → **Low-Key-Stil** und → **Film Noir**.

Cinéma Noir

Siehe → **Film Noir**.

Cinéma Vérité

Cinéma Vérité (franz. etwa „Kino der Wahrheit") ist ein dokumentarischer Filmstil, der in den 1960er-Jahren in Frankreich entstand und naturalistische Filmtechniken mit stilistischen Methoden der → **Montage** und der → **Kinematografie** kombinierte. Die Filmschaffenden des Cinéma Vérité nutzten insbesondere neu entwickeltes leichtes Equipment, das zudem sehr klein war und daher an den → **Originaldrehorten** nicht auffiel. Oft wurden Personen absichtlich provoziert und in konflikthafte Situationen gebracht, um sie zur Reaktion zu zwingen und so die Wahrheit ans Tageslicht zu bringen. Eine ähnliche Bewegung mit dem Namen → **Direct Cinema** entstand zur selben Zeit in den USA. Dieser Stil beschränkte sich allerdings eher auf die direkte Beobachtung und strebte an, das Geschehen „wie eine Fliege an der Wand" zu beobachten und die Wahrheit sich selbst enthüllen zu lassen. Später nahmen sowohl das Cinéma Vérité als auch das Direct Cinema Einfluss auf viele Bereiche des Spielfilms.

CinemaScope

Ein Verfahren zur Darstellung von Breitwandformaten, bei dem die Kameralinse eine Breitwandaufnahme auf eine Größe staucht, die auf das kleinere Standardfilmmaterial passt. Wenn der Film später im Kino gezeigt wird, entzerrt eine spezielle Linse im Projektor die Bilder wieder auf ihr ursprüngliches breites Format von 2,35:1. Ein weiteres Verfahren der anamorphotischen Bildaufzeichnung, das spezielle komplemen-täre Linsen nutzt, nennt sich Ultra-Panavision 70 und besitzt ein Bildverhältnis von 2,76 : 1.

Computerbasierte Bildgestaltung
(Computer-Generated Imagery, CGI)
Der Einsatz von mit Computern erstellten grafischen Elementen und Spezialeffekten in Filmen und im Fernsehen.

Oftmals wird nur ein Teil des Bildes durch CGI erstellt, wie beispielsweise das Weltall als Hintergrund für eine Szene, in der ein Astronaut durchs All schwebt. In manchen Filmen wird aber auch der gesamte Bildraum computergeneriert. Es gibt verschiedene Gründe, weshalb sich Regisseure entscheiden, CGI-Effekte zu verwenden. Einige lassen sich auf die besonderen praktischen Möglichkeiten von CGI zurückführen:

- Sie sind leichter anzupassen und zu kontrollieren als physikalische Spezialeffekte (bspw. belebte Menschenmassen) und → **Originaldrehorte**.
- CGI bietet die Möglichkeit, Effekte zu erzeugen, die durch analoge Technologien nicht umzusetzen wären.
- Mit CGI kann ein kleines Team von Spezialisten oder sogar eine Einzelperson die gewünschten Inhalte produzieren, ohne auf echte → **Schauspieler**, kostspielige → **Kulissen** oder → **Requisiten** zurückgreifen zu müssen.

CU
Siehe → **Großaufnahme** und → **Einstellungsgröße**.

Cutter *(editor)*
Die Person, die für den → **Schnitt** in der → **Nachbearbeitung** verantwortlich ist.

Dekoration *(decoration)*
Meint das visuelle Design des → **Schauplatzes**, an dem die Handlung spielt. Möbel sowie Tapeten und viele kleinere Objekte, z. B. Fotos, Kissen, Blumen, Gardinen, Lampen oder Flaschen und Dosen, die innerhalb der → **Mise-en-Scène** platziert sind, gehören zur Dekoration. Das visuelle Design der Kulisse allein kann schon viel über Ort und Zeit der Handlung, aber auch über die Persönlichkeit eines bestimmten Charakters

aussagen. Große Kulissen mit vielen dekorativen Objekten zeigen möglicherweise, dass bestimmte Charaktere reich und wohlhabend sind, während schmutzige und enge Straßen für ärmere Stadtteile typisch sind. Siehe auch → **Requisiten**.

Designer (Film)

Ein Mitarbeiter im Filmteam, der für das visuelle Erscheinungsbild von Charakteren und Objekten innerhalb der → **Mise-en-Scène** verantwortlich ist. Designer gestalten zum Beispiel die → **Drehorte**, → **Kulissen**, Make-up, → **Kostüme** und die → **Requisiten**. Heutzutage sind bei einer Filmproduktion für gewöhnlich mehrere Designer beschäftigt, die dann jeweils für einen der verschiedenen Bereiche verantwortlich sind.

Detail (extreme close-up, ECU)

In dieser Einstellung füllt ein Detail einer Person oder eines Objekts den ganzen Bildschirm aus. Ist das Motiv ein Gesicht, so zeigt die Einstellung nur einen Teil davon, beispielsweise die Augen oder Lippen, in einer überlebensgroßen Perspektive. Siehe auch den Eintrag zu → **Einstellungsgrößen**.

Diegetisch (diegetic)

Zu der fiktiven Welt des Films gehörend. Die Diegese umfasst alles, was prinzipiell auch von allen Figuren im Film wahrgenommen werden kann. Dazu gehören alle sichtbaren Schauplätze, Handlungen und Gegenstände, aber auch viele Dinge, die nicht explizit gezeigt werden, in der Welt der → **Geschichte** aber implizit eine Rolle spielen und mitgedacht werden müssen. Die Diegese ist somit das Ergebnis eines Konstruktionsprozesses, bei dem der Zuschauer auf Basis aller Informationen, die er zur Filmwelt erhält, eine schlüssige Vorstellung von dieser entwickelt. Alles, was nicht unmittelbar zur Diegese gehört, sondern unabhängig von ihr der Erzählung hinzugefügt wird, wird somit als → **nicht-diegetisch** bezeichnet. So sind zum Beispiel viele akustische Laute (Stimmen, Musik oder Geräuscheffekte) der Diegese zuzurechnen, wenn sie entweder von einem Objekt oder einer Figur im Film ausgehen. Demgegenüber gelten die die Handlung untermalende Filmmusik (sofern sie nicht einer klar lokalisierbaren Quelle innerhalb der Diegese entstammt), Erzählerstimmen oder atmosphärische Geräuscheffekte als nicht-diegetisch.

Digitaler Effekt

Ein Spezialeffekt, der mithilfe digitaler Technologien erzeugt wird. Siehe → **Computerbasierte Bildgestaltung**.

Direct Cinema

Direct Cinema ist eine überwiegend → **dokumentarische** Art des Filmemachens, die naturalistische Methoden mit stilisierten filmischen Verfahren der → **Montage** und → **Kinematografie** vereint. Der Stil entwickelte sich in den 1960er-Jahren in den USA. Um an → **Originaldrehorten** drehen zu können, nutzten die Filmemacher des Direct Cinema das zu der Zeit neu entwickelte, sehr unauffällige und leichte Equipment. Eine ähnliche Bewegung entstand etwa zur selben Zeit in Frankreich unter dem Begriff → **Cinéma Vérité** (französisch für „wahrhaftiges Kino"). Im Gegensatz zu diesem zielte das Direct Cinema mehr auf eine möglichst objektive Beobachtungshaltung, die Filmemacher vermieden dabei jegliche Eingriffe in die dokumentierten Ereignisse. Aspekte des Direct Cinema und des Cinéma Vérité beeinflussten später auch die Arbeit von fiktionalen Filmemachern.

Dogma 95

Eine dänische → **Filmbewegung** und ein filmischer Stil, der 1995 von den dänischen Regisseuren Lars von Trier und Thomas Vinterberg mit dem Unterschreiben des Dogma-95-Manifests und des sogenannten „Keuschheitsgelübdes" ins Leben gerufen wurde. Die Dogma-Regisseure verweigerten in erster Linie teures technisches Equipment und Filmtechniken, die in den meisten kommerziellen Produktionen verwendet wurden (vor allen Dingen in Hollywood), Genrekonventionen, spektakuläre Spezialeffekte und zu viel Montage. Stattdessen setzten sie sich zum Ziel, den Fokus beim Filmemachen auf die tatsächliche Geschichte und die Darstellungen der Schauspieler zu setzen und sich um ein „wahrhaftigeres", sich deutlich von Hollywood-Produktionen absetzendes kinematografisches Erzählen zu bemühen.

Die Dogma-95-Regeln, die als „Keuschheitsgelübde" bezeichnet werden, lauten wie folgt:

1. Es muss an → **Originaldrehorten** gefilmt werden. → **Requisiten** und → **Kulissen** dürfen vor Ort nicht ergänzt oder mitgebracht werden. Wenn ein Requisit für die Geschichte nötig ist, dann muss ein Drehort gefunden werden, an dem dieses bereits zu finden ist.

2. → **Geräusche** dürfen nicht losgelöst von den Bildern produziert werden und umgekehrt. Musik darf nicht genutzt werden. Es sei denn, sie passiert innerhalb der Szene, so wie sie gefilmt ist (beispielsweise → **diegetisch**).

3. Für die Filmaufnahmen darf ausschließlich eine → **Handkamera** benutzt werden. Jede Bewegung oder Unbeweglichkeit der Kamera, die mit der Hand vollzogen werden kann, ist erlaubt. Der Film darf nicht dort spielen, wo die Kamera steht, sondern die Kamera muss dort filmen, wo die Handlung abläuft.

4. Der Film muss in Farbe gedreht werden. Spezielle → **Lichtarrangements** sind nicht akzeptabel. Ist der Drehort zu spärlich beleuchtet, um das Filmmaterial zu belichten, muss die Szene gestrichen werden (unter Umständen ist eine kleine Steck-lampe auf der Kamera erlaubt).

5. Optische Effekte und → **Filter** sind verboten.

6. Ein Film darf keine oberflächlichen Handlungen abbilden (z.B. Morde, der Gebrauch von Waffen usw. darf nicht auftauchen).

7. Temporale und geografische Veränderungen sind verboten (in anderen Worten: der Film spielt im Hier und Jetzt). → **Genrefilme** sind inakzeptabel.

8. Das Filmformat muss 35 mm sein, mit einem Seitenverhältnis von 4:3, d.h. kein Breitwandformat.

9. Der Name des Regisseurs darf im Vor- und Abspann des Films nicht auftauchen.

Dokumentarfilm *(documentary, documentary film)*

Nicht-fiktionaler (sachlicher) Film, der die Welt, in der wir leben erforscht und dokumentiert und Darstellungen von tatsächlichen Ereignissen und realen Personen (keine Darsteller oder → **Schauspie-ler**) als Grundlage und Rohmaterial nutzt. In den meisten Fällen ist ein Dokumentarfilm eine mit geringem Budget angefertigte journalistische Aufnahme eines Ereignisses, einer Person oder eines Ortes.

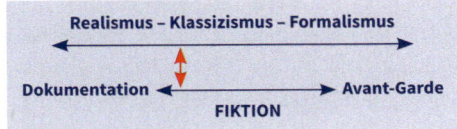

Filmstile und -typen (nach L. Giannetti, 2005: 4)

Dolly/Kamerawagen *(dolly)*

Eine durch ein hydraulisches System angetriebene Kameraplattform auf Rädern (manchmal auch auf Schienen), die gleichmäßige und lautlose Bewegungen während des Filmens erlaubt. Ein Dolly wird oft genutzt, um die Kamera auf ein Objekt zu (→ **Hinfahrt**) oder von einem Objekt weg (→ **Rückfahrt**) zu bewegen. Wenn sich die Kamera, die auf einem Dolly befestigt ist, parallel neben einem Objekt oder einer Person bewegt, wird dies als „tracking

Fisher Dolly auf Schienen

within" oder „travelling shot" bezeichnet. Wenn ein Dolly sich von einem Objekt oder einer Person entfernt, eröffnet die Kamera den Blick auf visuelle Informationen, die sich zuvor außerhalb des → **Bildes** befanden (z. B. andere Charaktere). Dabei ist es wichtig, die Fahrt mit einem Kamerawagen von einer → **Zoombewegung** zu unterscheiden.

Dolly-Zoom *(dolly zoom, travelling zoom)*

Ein Dolly-Zoom kombiniert die Bewegung einer Kamerafahrt (beispielsweise einer → **Hinfahrt** oder einer → **Rückfahrt**) mit der scheinbaren Bewegung eines → **Zooms** in der entgegengesetzten Richtung. Je nachdem, ob es sich um eine Herausfahren/Hineinzoomen-Kombination oder eine Heranfahren/Hinauszoomen-Kombination handelt, bewegt sich der Hintergrund entweder auf den Vordergrund des Bildes zu oder davon weg. Die jeweilige Bewegungsrichtung des Zooms in Kombination mit der Perspektivverschiebung der Kamerafahrt führt entweder zu einem schwindelerregenden Effekt oder zu einem Effekt, der ein beklemmendes Gefühl hervorruft. Der Dolly-Zoom ist auch unter den Bezeichnungen Hitchcock-Zoom, Vertigo-Effekt oder Posauneneffekt bekannt.

Doppelbelichtung *(superimposition)*

Eine → **Montagetechnik** bzw. ein → **Spezialeffekt**, bei der zwei oder mehr Einstellungen (von separat aufgenommener Handlung) auf demselben Filmstreifen übereinandergelegt werden, sodass alle Bilder gleichzeitig zu sehen sind. Die Technik der Doppelbelichtung lenkt stets
Aufmerksamkeit auf sich selbst, da sie mit der scheinbaren → **Kontinuität** von Raum und Zeit bricht. Während einer → **weichen Blende** wird ein Bild nur für einen kurzen Moment zusammen mit einem anderen doppelt belichtet. Eine vollständige Doppelbelichtung dauert aber üblicherweise länger als eine weiche Blende und wird nicht für eine → **Überblendung** zwischen zwei → **Einstellungen** verwendet. Doppelbelichtungen werden oft in → **Montagesequenzen** benutzt.

DP

Director of photography. Siehe → **Kameramann**.

Drehbuch *(screenplay)*

Bei einer Filmproduktion die Textfassung aller Dialoge und der Rahmenhandlung, ergänzt um Regieanweisungen für die Inszenierung der Schauspieler. Ein Drehbuch ist als eine Serie von Haupt**szenen** aufgebaut. Die Person, die das Drehbuch schreibt, wird Drehbuchautor oder Autor genannt. Für weiterführende Informationen siehe die Artikel zu → **Treatment** und → **Storyboard**.

Drehort *(shooting location)*

Der Ort, an dem der Filmdreh stattfindet. Normalerweise unterscheidet man zwischen → **Kulissen**, die sich in einem Studio oder an einem Ort befinden, der extra zu diesem

Zweck konstruiert und gebaut wurde, und → **Originaldrehorten**. Siehe auch den Eintrag zum → **Schauplatz**.

Dreibein (Stativ) *(tripod)*

Ein Stativ, das aus drei Beinen und einem beweglichen Kopf besteht, auf dem die Kamera fixiert wird. Eine Kamera, die auf ein solches Dreibeinstativ fixiert ist, kann → **Schwenk-**, → **Kipp-** und → **Rotationsbewegungen** vollziehen.

Dreieck *(triangle)*

Das Dreieck ist eine geometrische Standardform, die für verschiedene kompositorische Zwecke innerhalb des Kaders genutzt werden kann. Dreiecke können entweder durch entsprechend geformte Objekte oder durch die Kombination mehrerer Objekte, die zusammen eine Dreiecksform ergeben, in die → **Mise-en-Scène** eingebracht werden.  Häufig bilden aber auch → **Schatten** oder bestimmte → **Beleuchtungseffekte** dreieckige Formen aus, oder sie werden sehr subtil erzeugt, indem sie sich aus dem negativen Raum und/oder aus (mit)gedachten Verbindungslinien zwischen Personen, Gesichtern und Objekten ergeben.

Dreiecke oder dreieckige → **Kompositionen** dienen häufig dazu, Beziehungen und das dynamische Zusammenspiel von drei Hauptelementen (meist Charakteren) hervorzuheben.

Weitere Standardformen sind → **Linien**, → **Rechtecke** und → **Kreise**.

Dreiereinstellung *(three-shot)*

Jede Einstellung, die drei Personen zeigt, wird als Dreier-Einstellung (oder kurz „Dreier") bezeichnet, unabhängig davon *wie* die Personen im Bild arrangiert sind (z. B. in Bezug auf die → **Einstellungsgröße** oder die → **Kameraperspektive** etc.).

Dreipunktlicht *(three-point-lighting)*

Ein grundlegendes → **Beleuchtungs**arrangement beim Film, das dazu genutzt wird, Personen oder Objekte „ins beste Licht" zu rücken. Das Dreipunktlicht basiert auf drei Lichtquellen, die auf verschiedenen Positionen um die Person oder das Objekt herum positioniert sind: das Führungslicht, das Fülllicht und die

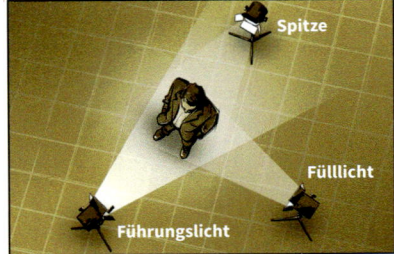

Spitze (auch: Kante oder Kantenlicht). Das Führungslicht ist die hellste Lichtquelle, seine Aufgabe ist es, den Blick des Zuschauers zu lenken.

Das Fülllicht ist weniger hell als das Führungslicht und wird dazu genutzt, die harten Grenzen zwischen beleuchteten und im Schatten liegenden Bereichen weichzuzeichnen. Die Spitze dient dazu, die Person oder das Objekt optisch von seinem Hintergrund abzuheben (die Spitze wird dafür meist schräg oben, hinter der Person oder dem Objekt, gesetzt). Für weiterführende Informationen siehe → **Führungslicht**, → **Fülllicht** und → **Spitze**.

Durchschnittliche Einstellungslänge
(DEL, *average shot length [ASL]*)

Die **D**urchschnittliche **E**instellungs**l**änge (kurz DEL) eines Films ist ein statistisches Maß, bei dem die Gesamtspielzeit eines Films durch die Gesamtzahl seiner einzelnen Einstellungen geteilt wird, um einen ungefähren Eindruck davon zu bekommen, wie lang eine Einstellung im Mittel dauert. Die DEL bei klassischen Hollywood-Filmen liegt bei einer Länge von ungefähr 9 Sekunden. Demgegenüber haben moderne Actionfilme eine deutlich niedrigere DEL, ihre rasanten Handlungen spiegeln sich also in einer wesentlich schnelleren Schnittfolge wider. Siehe die folgende Tabelle mit einer Auflistung der DEL einiger ausgewählter Filme.

Durchschnittliche Einstellungslänge einiger ausgewählter Filme

Film	Jahr	Regisseur	DEL
Babel	2006	Iñárritu, Alejandro González	3,3
Das Mädchen aus dem Wasser	2006	Shyamalan, M. Night	12,1
Broken Flowers	2005	Jarmusch, Jim	7,5
Don't come knocking	2005	Wenders, Wim	7,3
Die Bourne Verschwörung	2004	Greengrass, Paul	2,4
Vergiss mein nicht!	2004	Gondry, Michel	4,7
Lost in Translation	2003	Coppola, Sofia	6,6
Dead Man	1995	Jarmusch, Jim	7,4
Pulp Fiction	1994	Tarantino, Quentin	7,9
Paris, Texas	1984	Wenders, Wim	12,6
Shining	1980	Kubrick, Stanley	12,9
1900	1976	Bertolucci, Bernardo	8
Barry Lyndon	1975	Kubrick, Stanley	13,3

Film	Jahr	Regisseur	DEL
Wenn die Gondeln Trauer tragen	1973	Roeg, Nicolas	5,8
Der Pate	1972	Coppola, Francis Ford	8,4
Uhrwerk Orange	1971	Kubrick, Stanley	11,6
2001: Odyssee im Weltraum	1968	Kubrick, Stanley	13
Blow Up	1966	Antonioni, Michelangelo	11
Achteinhalb	1963	Fellini, Federico	10,9
Psycho	1960	Hitchcock, Alfred	6,2
Der Unsichtbare Dritte	1959	Hitchcock, Alfred	5,8
Im Zeichen des Bösen	1958	Welles, Orson	9,5
Das Fenster zum Hof	1954	Hitchcock, Alfred	8,5
Vertigo	1958	Hitchcock, Alfred	7,01
Zwölf Uhr mittags	1952	Zinnemann, Fred	6,9
Citizen Kane	1941	Welles, Orson	11,4

Dutch Angle
Siehe → **Gekippter Winkel**.

ECU
Siehe → **Detail** und → **Einstellungsgröße**.

Effekt
Siehe → **Toneffekte** und → **Spezialeffekte**.

Eigenschatten *(attached shadow)*
Eigenschatten entstehen, wenn ein Objekt durch seine Erhebungen und Vertiefungen Schatten auf sich selbst erzeugt, zum Beispiel wenn die Nase einer Person von links beleuchtet wird und so ein Schatten der Nase auf der rechten Wange entsteht.

Eigenschatten können helfen herauszufinden, aus welcher Richtung Lichtstrahlen kommen, sodass die ungefähre Position der Lichtquelle, insbesondere die des → **Füh-**

rungslichtes, ermittelt werden kann. Für zusätzliche Informationen siehe den Eintrag über → **Schlagschatten**.

Einfärbung *(Virage, tinting)*

Der Prozess, Farbe zu einem Schwarz-Weiß-Film hinzuzufügen. In der → **Stummfilm-Ära** wurden Filme oft eingefärbt, um eine bestimmte Stimmung zu erzeugen. Wenn Nachtszenen zum Beispiel bei Tageslicht gedreht wurden, wurden diese nachträglich blau eingefärbt, um nächtliche Dunkelheit zu signalisieren. Rote Färbungen wurden für Szenen benutzt, die Wut, Gewalt, Hitze oder Leidenschaft zeigten. Grün gefärbte Szenen waren generell mysteriös oder spielten auf See. Eine spezielle Form der Virage ist das Kolorieren per Hand, das oft in frühen europäischen Fantasyfilmen verwendet wurde. In manchen Schwarz-Weiß-Filmen wurden nur wenige Bilder gefärbt, um überraschende → **Spezialeffekte** zu kreieren.

Einführungseinstellung *(establishing shot)*

Normalerweise die erste Einstellung einer Szene. Bei einer Einführungseinstellung wird in der Regel eine → **Kadrage** benutzt, die die kompletten räumlichen Relationen zwischen den wichtigen Charakteren und Objekten in der

Einführungseinstellung   Einführungseinstellung

Szene darstellt (in den meisten Fällen eine → **Totale** oder eine → **weite** Einstellung). Die Einführungseinstellung dient, wie der Name bereits andeutet, der Etablierung und Einführung des → **Schauplatzes** einer → **Szene**. Dabei wird der Zuschauer mit dem Ort und den räumlichen Gegebenheiten vertraut gemacht. Wenn zu einem späteren Zeitpunkt die gleiche Kadrage genutzt wird wie bei der Einführungseinstellung, so wird diese als → **Wiedereinführungseinstellung** bezeichnet.

Eingeschränkter Schärfentiefebereich *(restricted depth of field)*

Siehe → **Geringe Tiefenschärfe**.

Einschub *(insert)*

Eine Einstellung von einem Teil einer Szene aus einer anderen Position, → **Einstellungsgröße**, → **Kameraperspektive**, → **Höhe** und/oder → **Brennweite** als die des → **Master Shots**.

Einschübe zeigen Teile der Handlung, die auch der Master Shot zeigt, heben jedoch bestimmte Aspekte durch unterschiedliche → **Kadrierung** hervor. Diese Art von Einstellung macht auf Details aufmerksam, die für einen Moment die volle Aufmerksamkeit der Kamera (und des Zuschauers) benötigen. Ein Einschub unterscheidet sich von einem → **Zwischenschnitt** insofern, dass ein Zwischenschnitt Handlung zeigt, die nicht vom Master Shot abgedeckt wird.

Einstellung *(shot)*

1. Ein belichtetes Stück Filmmaterial ohne → **Schnitte** oder Unterbrechungen (vor dem → **Schneiden**).
2. Ein geschnittenes Stück ununterbrochener Film, der in der → **Endfassung** eines Films verwendet wird (nach dem Schneiden).

In beiden Fällen sind Einstellungen das zentrale Element eines Films, in Form einzelner ununterbrochener (oder für den Zuschauer ununterbrochen erscheinender) Einheiten fortlaufender Handlung. Einstellungen können entweder analog oder digital entstehen. Sie können jede beliebige Länge haben und Bruchteile von Sekunden oder auch Stunden andauern. Eine Einstellung von über 40 Sekunden Dauer wird als → **lange Einstellung** bezeichnet.

Einstellungsgröße *(camera distance)*

Die Einstellungsgröße ist ein Maß dafür, wie viel von der Gesamtgröße eines gefilmten Objekts im Bildrahmen tatsächlich sichtbar ist. Insbesondere lässt sich über die Einteilung in Einstellungsgrößen feststellen, wie groß das Objekt im Verhältnis zu seiner jeweiligen Umgebung am → **Schauplatz** erscheint und wie detailreich die Aufnahme von ihm ist. Zwar lässt sich die Einstellungsgröße auch über die Entfernung zwischen Kameraobjektiv und Objekt regulieren, sie ist aber tatsächlich ein Maß für die „scheinbare" Distanz zwischen beiden Punkten.

Beispielsweise scheint die Kamera bei einer → **Großaufnahme** oftmals nur sehr nah am Objekt zu sein, kann sich in Wirklichkeit jedoch auch in einiger Entfernung befinden. So haben verschiedene → **Objektivtypen** (und somit unterschiedliche → **Brennweiten**) einen großen Einfluss auf die wahrgenommene Distanz der Kamera zu einem Objekt, sodass diese nicht zwingend mit der tatsächlichen Entfernung korrespondieren muss. Die Einteilung in verschiedene Einstellungsgrößen hängt eng mit psychologischen Theorien über Nähe und Distanz zwischen Personen zusammen, die allgemein unter dem Begriff → **Proxemik** zusammengefasst werden.

Eines der gebräuchlichsten Systeme zur Einteilung der Einstellungsgrößen orientiert sich am menschlichen Körper und unterscheidet grob zwischen → **Großaufnahme** (oder Nahaufnahme) (CU), → **Halbnah** (MS) und → **Totale** (LS). Großaufnahmen sind dabei alle Aufnahmen, bei denen nur ein Körperteil gezeigt wird, als Halbnah werden Aufnahmen bezeichnet, die ungefähr die Hälfte des Körpers abbilden, bei Totalen ist der ganze Körper sichtbar. Großaufnahmen werden weiter unterteilt in → **Detail** (ECU) und → **Nah** (MCU). Ähnlich wird auch mit der Totalen verfahren, sodass eine Gliederung in → **Weit** (ELS) und → **Halbtotale** (MLS) entsteht. Zur Vereinfachung hat sich im System der Einstellungsgrößen in der englischen Sprache ein

Standardsatz an Abkürzungen etabliert. Einen kurzen Überblick über die unterschiedlichen Einstellungsgrößen und ihre Abkürzungen bieten die hier gezeigten Piktogramme:

Weit / Panorama · Totale · Halbtotale · Halbnah · Nah · Großaufnahme · Detail

Einstellungsgrößen und ihr Bezug zum menschlichen Körper

Dieses Bild verdeutlicht das hier beschriebene Klassifikationssystem näher:

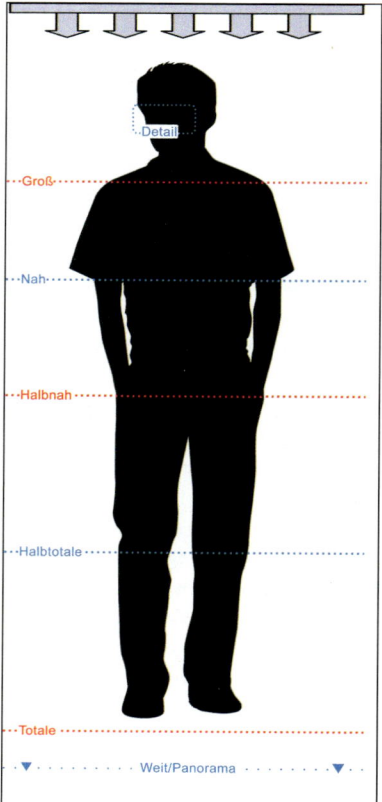

Einstellungsgrößen – Englische Begriffe und Standardabkürzungen

ELS → **Extreme Long Shot (Weit oder Panorama)**

LS → **Long Shot (Totale)**

MLS → **Medium Long Shot (Halbtotale)**

MS → **Medium Shot (Halbnah)**

MCU → **Medium Close-Up (Nah)**

CU → **Close-Up (Großaufnahme)**

ECU → **Extreme Close-Up (Detail)**

Klassifikationssysteme der Einstellungsgrößen (im englischen Sprachraum)
Bezugsgröße ist jeweils der Raum den eine Person im → **Bildrahmen** einnimmt.

Einstellungsgröße	Feldgröße	Alternativbezeichnungen und Sonderformen
→ **Weit** (ELS or XLS)	long shot	Panorama, Extreme Totale, *extreme long shot*
→ **Totale** (LS)	full shot (FS)	*long shot*, *wide shot* (WS), *figure shot*
→ **Halbtotale** (MLS)	[full shot]	*medium long shot*, Sonderform: Amerikanische Einstellung
→ **Halbnah** (MS)	medium shot	medium shot
→ **Nah** (MCU)	[medium shot]	medium close-up
→ **Groß** (CU)	close-up	close-up
→ **Detail** (ECU or XCU)	extreme close-up	*extreme close-up*, Sonderform: Italienische Einstellung (Details der Augenpartie)

Ellipse *(elliptical cut)*

Ein Schnitt zwischen zwei Einstellungen, der Teile eines Ereignisses überspringt und dadurch eine Auslassung (Ellipse) von Handlung und eine Verkürzung der Handlungs-dauer hervorruft. Oftmals wird ein solcher elliptischer Schnitt benutzt, um den An-schein zu erwecken, dass Zeit vergangen ist. Die entsprechende Montagetechnik wird als → **elliptische Montage** bezeichnet. Ein → **Jump Cut** ist eine spezielle Form des elliptischen Schnitts.

Elliptische Montage *(elliptical editing)*

Eine → **Überblendung** zwischen zwei Einstellungen, die Teile eines Er-eignisses überspringt und dadurch eine Auslassung (Ellipse) von Hand-lung und eine Verkürzung der Handlungsdauer hervorruft. Oftmals wird ein solcher elliptischer Schnitt benutzt, um den Anschein zu erwecken, dass Zeit vergangen ist.

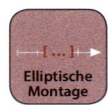

Elliptische Montage

ELS

Siehe → **Weit oder Panorama** und → **Einstellungsgröße**.

Endfassung *(final cut)*

Die finale Version eines → **geschnittenen** Films, die im Kino gezeigt wird oder auf Speichermedien wie DVD oder Blu-ray erscheint.

Enge Kadrage *(tight framing)*

Meint eine → **Einstellung**, in der um die Charaktere herum nur wenig Raum sichtbar ist. Eine enge Kadrage schränkt die Bewegungsfreiheit der Figuren ein, sie kann deshalb sowohl dazu genutzt werden, ein Gefühl von Enge und Bedrängnis, als auch ein Gefühl von Gemütlichkeit oder Sicherheit zu vermitteln. Das Gegenteil von → **freier Kadrage**.

Ensemblestück *(ensemble cast)*

Ein Film mit einer Gruppe von Schauspielern, deren einzelne Rollen einen ähnlichen Stellenwert in der Handlung des gesamten Films haben. Filme mit einer solchen Ensemble-Besetzung brechen mit einer Konvention des → **klassischen Hollywood-Kinos**, nach der ein einzelner heroischer Charakter oder Protagonist im Zentrum der Handlung steht. Aus diesem Grund sind Ensemblestücke häufig in der Kategorie des → **unabhängigen Films** zu finden. Viele Fernsehserien nutzen ein Ensemble, da dies ihnen die Freiheit gibt, die generelle Handlung ebenso zu verändern wie die Figuren, die in einer bestimmten Folge im Fokus der Geschichte stehen. So wird die Produktion variabler und hält das Interesse des Zuschauers.

Entsättigte Farben *(desaturated colours)*

Meint Farben mit geringer Helligkeit und Intensität. Entsättigte Farben haben aufgrund einer Beimischung der Komplementärfarbe einen reduzierten Anteil ihrer → **reinbunten** Ausgangsfarbe. Komplementärfarben liegen sich im → **Farbkreis** gegenüber.

Werden sie miteinander vermischt, reduzieren Komplementärfarben die Sättigung der jeweils anderen in Richtung Grau, das heißt, sie entsättigen einander. Für weitere Informationen siehe auch den Eintrag zum → **Farbsättigungskontrast**.

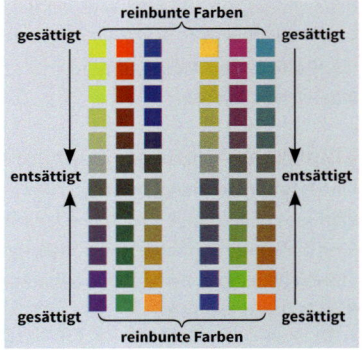

Episodenfilm *(episodic film)*

Ein Filmtyp, in dem verschiedene Geschichten kombiniert werden, um einen Film zu schaffen, der trotz multipler Erzähleinheiten die Lauflänge eines üblichen Langspielfilms aufweist. Ein zentrales Thema, eine Idee oder auch eine Rahmenhandlung verbindet gemeinhin die einzelnen Einheiten (Erzählstränge) zu einem bedeutungsvollen Ganzen. Allgemein kann zwischen zwei verschiedenen Formen von Episodenfilmen unterschieden werden:

1. Der **klassische Episodenfilm** besteht aus mehreren miteinander verwobenen Erzählsträngen, die in der Regel ein zentrales Thema aus verschiedenen Perspektiven oder Sichtweisen beleuchten. Normalerweise teilen sich die individuellen Nebenhandlungen sowohl den Handlungsort als auch die Handlungszeit, sind aber oftmals nur lose miteinander verbunden, sodass der Zuschauer angehalten ist, sich den logischen Kontext selbst zu erarbeiten.

2. Die zweite Form des Episodenfilms wird auch häufig als **Filmanthologie** bezeichnet. Diese beinhaltet eine Kollektion von mehreren Kurzfilmen oder Auszügen aus verschiedenen Langspielfilmen, die gegenübergestellt werden. Oft werden die einzelnen Episoden von mehreren Regisseuren inszeniert, die unterschiedliche Sichtweisen und Geschichten zu dem zentralen Thema oder Motiv beisteuern.

Erzähler *(narrator)*

Ein Charakter oder eine Person, die eine Filmhandlung verbal kommentiert und sie so um eine → **Erzählung** ergänzt. Der Erzähler kann entweder aus der → **Diegese** stammen, also innerhalb der Welt der Geschichte existieren, oder → **nicht-diegetisch** sein, d. h. seine Person kommt in der im Film dargestellten Geschichte nicht vor. Der Kommentar des Erzählers muss nicht zwangsläufig auch der Wahrheit entsprechen. Siehe auch → **Voice-over**.

Erzählperspektive *(point of view)*

Bei → **narrativen Erzählungen** wird zwischen verschiedenen Erzählmodi unterschieden:

- Ich-Erzähler: Ein Charakter erzählt die Geschichte aus seiner ganz persönlichen Perspektive.
- Auktorialer Erzähler: Der Erzähler ist nicht in die Geschichte involviert und weiß über alle Ereignisse uneingeschränkt Bescheid.
- Personaler Erzähler: Wie oben, allerdings ist hierbei das Wissen des Erzählers begrenzt.

Die visuelle Inszenierung der verschiedenen Erzählmodi erfolgt im Film vor allem mittels verschiedener Kameratechniken. Dazu gehören beispielsweise die → **objektive Kamera**, die → **subjektive Kamera**, die → **allwissende Kamera** und die → **subjektive Einstellung**.

Objektive Kamera — Allwissende Kamera — Subjektive Kamera — Subjektive Einstellung

Erzählung, Erzählstimme *(narration, narrator)*

Ein Kommentar der „→ **onscreen**" oder „→ **offscreen**" von einem Erzähler gesprochen wird. Die Stimme dieses Erzählers kann → **diegetisch** sein, wenn sie aus der Welt stammt, die im Film porträtiert wird (z. B. von einem der Charaktere) oder → **nicht-diegetisch**. Ist sie nicht-diegetisch, ist diese Erzählstimme meist allwissend. Eine Erzählung kann einen ganzen Film hindurch genutzt werden oder nur gelegentlich, wird aber oft zu Beginn (um einen → **Schauplatz**, Charaktere oder eine → **Geschichte** zu etablieren) oder am Ende als eine Art Abschluss eingesetzt.

Erzählung, Film *(narrative)*

Auch als Fiktion oder fiktiver Film bezeichnet. Ein Film, der eine Geschichte mit bestimmten Charakteren, Ereignissen und Orten erzählt. Die Geschichte kann dabei sowohl komplett → **fiktiv** sein als auch auf realen Ereignissen basieren. Möglich ist zudem eine Mischung aus beidem, beispielsweise indem historische Ereignisse exemplarisch aus der Perspektive einer fiktiven Person gezeigt werden. Die verschiedenen Ereignisse der Geschichte können chronologisch erzählt werden, müssen es aber nicht. Narrative Filme können sehr → **realistisch** erscheinen oder auch besonders unrealistisch, möglich sind aber auch hierbei Mischformen. Wie realistisch oder unrealistisch ein Film erscheint, hängt im Wesentlichen von der erzählten → **Geschichte** und ihrem → **Schauplatz** ab.

Erzählte Zeit *(story time)*

Die Zeit, die innerhalb einer erzählten → **Geschichte** vergeht. Die Erzählte Zeit ist normalerweise deutlich länger als die → **Laufzeit (Erzählzeit)** eines Films. Wenn die Geschichte eines Films zum Beispiel an einem Montag beginnt und am darauffolgenden Sonntag endet, umfasst die Erzählte Zeit ungefähr eine Woche, während die Laufzeit des Films höchstens eineinhalb bis drei Stunden beträgt (ungefähre Dauer eines gewöhnlichen → **Spielfilms**). In manchen Filmen umfasst die Erzählte Zeit sogar mehrere Generationen oder Jahrhunderte.

Experimentalfilm (auch: Avantgarde-Film, *experimental film*)

Ein Filmstil, der sich über weite Strecken den → **Konventionen** des kommerziellen
Filmemachens verweigert.
Der Experimentalfilm wird oft
durch das Fehlen von linearen
narrativen Strukturen charak-

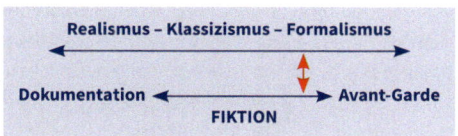

Filmstile und -typen (nach L. Giannetti, 2005: 4)

terisiert. Gleichzeitig finden häufig abstrahierende Techniken (z. B. → **Unschärfen**, das
Bemalen oder Zerkratzen des Filmmaterials, → **Zeitraffer-** und → **Zeitlupen**aufnah-
men) Verwendung. Ziel ist dabei oft, die Beziehung des Zuschauers mit dem Medium
Film im Allgemeinen und dem aktuell rezipierten Film im Speziellen aktiver und be-
wusster zu gestalten. Experimentelle Filmemacher tendieren dazu, dem → **Stil** und der
Form mehr Bedeutung beizumessen als dem Inhalt und der behandelten Thematik.

Exposition

Das Vermitteln von wichtigen Hintergrundinformationen zu den Ereignissen in einer
Geschichte (z. B. Details über die Charaktere, den → **Schauplatz**, Konflikte, Themen
etc.) mithilfe der Dialoge und/oder der Handlung, d. h. die Etablierung der Handlung
eines Films.

Expressionismus

Ein Kunststil, der Verfremdungs- bzw. Verzerrungselemente und Übertreibungen
nutzt, um einen emotionalen Effekt zu erzielen. Der Expressionismus kam zunächst in
der Literatur und Malerei zu Beginn des 20. Jahrhunderts in Mode. In der Filmanalyse
wird der Begriff immer wieder benutzt, um Stilmittel zu beschreiben, die denen der
Bewegung des deutschen Expressionismus entweder ähneln oder davon inspiriert
sind. Diese Filmbewegung zeichnete sich durch den Gebrauch übertriebener → **Schauplätze** und Kulissen, starken → **Kontrasten** mit dramatischen → **Schlagschatten**,
Schrägperspektiven (→ **gekippten Winkeln**) und verzerrte bzw. → **mehrdeutige Räu-
me** aus. Die wichtigsten Beispiele für den deutschen Expressionismus sind Robert
Wienes *Das Cabinet des Dr. Caligari* (1920), *Der Golem, wie er in die Welt kam (1920)* von
Paul Wegener und Carl Boese, Fritz Langs *Metropolis* (1927) und F. W. Murnaus *Nosfe-
ratu – Eine Symphonie des Grauens* (1922). Im Allgemeinen kann mit dem Begriff des
Expressionismus ein Filmstil beschrieben werden, der hochartifiziell erscheint.

Externes Licht *(exterior light)*

Zusätzliche → **nicht-diegetische** Lichtquellen, die der Unterstützung vorhandener
Lichtquellen innerhalb der → **Mise-en-Scène** dienen. Nicht-diegetische Lichtquellen

gewährleisten eine bessere Kontrolle der Lichtverhältnisse und haben keine Bedeutung für den Inhalt einer → **Einstellung** oder → **Szene**. In manchen Fällen dienen sie als auffällige zusätzliche Lichtquellen innerhalb eines Arrangements aus vorhandenem Licht und stechen dann besonders hervor. Für weitere Informationen siehe die Einträge → **Vorhandenes Licht**, → **Diegetisch** und → **Nicht-diegetisch**.

Externes Licht

Extreme Aufsicht/Vogelperspektive *(overhead angle)*

Eine Kameraperspektive, bei der die Kamera direkt oder annähernd direkt über einem Schauplatz oder einer Person positioniert ist. Eine extreme Aufsicht erzeugt ein sehr abstraktes Bild, in dem Personen häufig sehr klein und unscheinbar (wie Ameisen) erscheinen. Befindet sich die

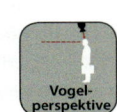

Vogelperspektive

Kamera bei einer extremen Aufsicht direkt oberhalb des Motivs, ist oft nur noch eine Ansammlung geometrischer Formen zu erkennen, wodurch dem Zuschauer die Orientierung deutlich erschwert wird und manchmal sogar ein Gefühl von Schwindel entstehen kann. Extreme Aufsichten werden meist entweder dazu genutzt, den Zuschauer vom Geschehen zu distanzieren, oder, um ihm einen besonders weiten Überblick zu geben. Für weiterführende Informationen siehe die Einträge zu → **Kamerawinkel**, → **Aufsicht**, → **Augenhöhe**, → **Untersicht**, → **Froschperspektive** und → **Gekippter Winkel**.

Extreme Untersicht/Froschperspektive
(below angle, worm's-eye view)

Eine Einstellung, bei der das Objekt von einer extrem niedrigen Position gefilmt wird. In seltenen Fällen befindet sich die Kamera sogar unterhalb des gefilmten Objekts, beispielsweise indem sie in den Boden eingelassen wurde. Diese Kameraperspektive überhöht die Größe und Be-

Froschperspektive

deutung des gefilmten Objekts so stark, dass die Umgebung fast vollständig an Bedeutung verliert. Die Froschperspektive wird daher gewöhnlich eingesetzt, um die Dominanz und Macht einer Figur darzustellen. Manchmal ist der Effekt so stark, dass das Ergebnis besonders expressiv oder sogar abstrakt ausfällt. Für weiterführende Informationen siehe die Artikel über → **Kameraperspektiven**, → **Extreme Aufsicht**, → **Aufsicht**, → **Normalsicht**, → **Untersicht** und → **Gekippter Winkel**.

Fake Documentary

Ein fiktionaler Film, der sich als → **Dokumentarfilm** ausgibt. Ein berühmtes Beispiel ist der Film *Blair Witch Project* von Daniel Myrick und Eduardo Sánchez. Eine fiktive Dokumentation imitiert den Stil von Dokumentarfilmen und nutzt oft eine Handkamera und einen *Low-Budget-Look*. Dabei kann unterschieden werden zwischen scheinbaren Dokumentarfilmen, die mit den Stilmitteln eines Dokumentarfilms spielen, jedoch eine deutliche narrative Struktur besitzen und als fiktionaler Spielfilm funktionieren (so der Fall bei einem Film wie *Blair Witch Project*), und einem sogenannten Mockumentary, das bis hin zu kleinsten Details einen Dokumentarfilm vortäuscht, inklusive Interviewpartnern, Kommentatoren, scheinbaren historischen Originalaufnahmen usw. Beispiele für diesen Stil sind *This is Spinal Tap* (1984) von Rob Reiner oder Peter Jacksons *Forgotten Silver* (1995).

Farbhelligkeit *(colour brightness)*

Das Aufhellen oder auch Abdunkeln (Trüben) von Farben, indem man Weiß oder Schwarz zufügt, erzeugt unterschiedliche Grade von Helligkeit. Das Hinzufügen von Schwarz wird als Abdunklung, Trübung, oder Schattierung bezeichnet, das Hinzufügen von Weiß als Aufhellung. Wenn man → **reinbunte** Rot- oder Orangetöne mit schwarzer Farbe abdunkelt, nehmen sie eine bräunliche Tönung an, Gelb verändert seine Erscheinung zu einem entsättigten Grün, blaue und grüne Farben erscheinen lediglich dunkler. → **Farbtöne**, die mit weiß aufgehellt wurden, nennt man auch Pastellfarben. Für weiterführende Informationen siehe den Artikel über den → **Hell-Dunkel-Kontrast**.

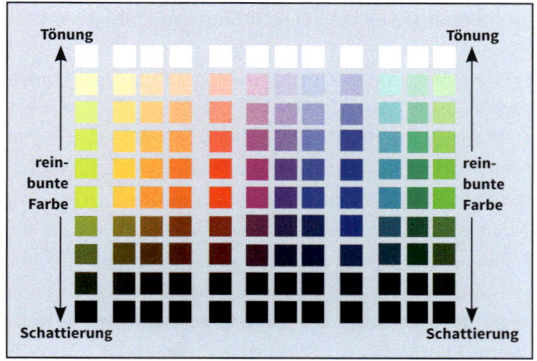

Farbkontraste *(colour contrasts)*

Johannes Itten hat zwischen sieben Farbkontrasten unterschieden, die auf den Farben in seinem eigenen → **Farbkreis** basieren. Sie beschreiben variable subjektive Effekte auf den Betrachter, hervorgerufen durch verschiedene Farbkontraste und Farbkombinationen. Eine systematische Analyse eines Filmausschnitts im Hinblick auf Farbkontraste kann für die künstlerische Analyse seiner Farbkomposition von hohem Nutzen sein. Für die Filmanalyse besonders wichtige Farbkontraste sind der → **Reine Farbkontrast**, der → **Komplementärkontrast**, der → **Hell-Dunkel-Kontrast**, der → **Kalt-Warm-Kontrast** und der → **Farbsättigungskontrast**.

Farbkreis *(colour wheel)*

Eine kreisförmige Anordnung von Farben, bei der die Farben nach einem bestimmten Schema geordnet sind. Der hier vorgestellte Farbkreis basiert auf der Farbtheorie von Johannes Itten und ist innerhalb eines dreistufigen Ordnungssystems strukturiert.

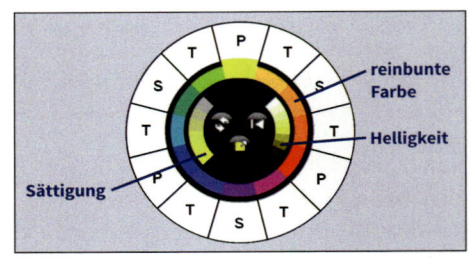

Farben der ersten Ordnung umfassen die sogenannten Primärfarben Gelb, Rot und Blau. Die Primärfarben bilden das Fundament des Farbkreises, da aus ihnen alle weiteren Farben gemischt werden können. Sie selbst lassen sich nicht weiter unterteilen. Die zweite Stufe bilden die Sekundärfarben, die direkt aus Mischungen der Primärfarben abgeleitet werden, also Orange (Mischung aus Gelb und Rot), Violett (Mischung aus Rot und Blau), Grün (Mischung aus Gelb und Blau). Farben dritter Ordnung werden Tertiärfarben genannt und je aus einer Primär- und einer Sekundärfarbe gemischt, also Gelborange, Rotorange, Rotviolett (auch: Purpurrot), Blauviolett, Blaugrün, Gelbgrün.

Innerhalb seiner Farbtheorie unterschied Johannes Itten sieben → **Farbkontraste**, deren Basis die Farben seines Farbkreises bildeten. Das Besondere an Ittens Zusammenstellung verschiedener Kontraste ist, dass sie die verschiedenen Eindrücke, die bestimmte Farbkombinationen auf den Betrachter haben können, zusammenfassen. Da die Farbkontraste nicht etwa die physikalischen Eigenschaften von Farben, sondern ihre rein subjektive Wirkung beschreiben, sind sie sehr nützlich, um Bilder und Filme bezüglich ihrer künstlerischen oder kompositorischen Merkmale zu untersuchen. Für die Filmanalyse können folgende Farbkontraste als besonders relevant betrachtet werden: → **Reiner Farbkontrast**, → **Komplementärkontrast**, → **Hell-Dunkel-Kontrast**, → **Kalt-Warm-Kontrast** und → **Farbsättigungskontrast**.

Farbqualität *(colour quality)*
Siehe → **Reinbunte Farben**.

Farbsättigungskontrast, Qualitätskontrast *(contrast of saturation)*

Der Kontrast zwischen stark → **gesättigten Farben** (genauer, → **reiner Farben** mit hoher Leuchtkraft) und Farben mit geringer → **Sättigung** und somit geringer Leuchtkraft wird im Film häufig genutzt. Eine geringe Farbsättigung wird erreicht, indem einer reinen Farbe mit hoher Leuchtkraft ihre Komplementärfarbe beigemischt wird (→ **entsättigte Farben**). Oft zeichnen sich besonders Bildhintergründe durch eine entsättigte (gräulich-blasse) Farbgebung aus, während wichtige Gegenstände oder die Kleidung von Personen durch stark gesättigte Farben vom Hintergrund abgehoben werden. Die Signalwirkung, die reine Farben ohnehin haben, wird durch eine derartige Kombination mit entsättigten Farben noch einmal deutlich verstärkt.

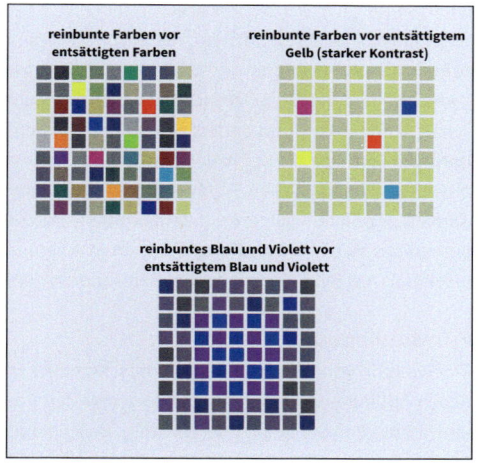

reinbunte Farben vor entsättigten Farben

reinbunte Farben vor entsättigtem Gelb (starker Kontrast)

reinbuntes Blau und Violett vor entsättigtem Blau und Violett

Farbschema *(colour scheme)*
Eine begrenzte Auswahl an wenigen Farben, die typischerweise nicht mehr als drei oder vier, meistens aber nur zwei oder drei, → **reinbunte** Basisfarben beinhalten, die die Farbkomposition harmonischer Bilder bestimmt. Auf Grundlage des Farbschemas werden allerdings oft viele verschiedene → **Tönungen** und → **Schattierungen** der jeweiligen Farben, die in der Regel auch unterschiedliche Sättigungsgrade aufweisen, verwendet. Ein Farbschema, das in Filmen immer wieder in Variationen auftaucht, ist das → **monochromatische** Farbschema, bei dem nur Nuancen einer einzigen Farbe benutzt werden. Für weiterführende Informationen siehe die Einträge über → **analoge** und → **triadische** Farben.

Feldgröße *(field size)*
Siehe → **Einstellungsgröße**.

Fiktion

Eine Form des Erzählens (z. B. in der Literatur, im Film, im Theater oder in Videospielen), die sich, entweder teilweise oder komplett, mit Ereignissen beschäftigt, die nicht faktisch sind, sondern fiktional und ausgedacht vom jeweiligen Autor.

Film Noir (franz. „Schwarzer Film")

Viele stilistische Mittel nutzend, die zuvor schon in den Filmen des deutschen → **Expressionismus** während der 1920er und 1930er verwendet wurden, bildete dieses Genre ein düsteres Gegengewicht zu der fast ausschließlich optimistischen Kinolandschaft aus Musicals und anderen populären Filmen der Zeit. Vor allen Dingen reflektierte der Film Noir die wachsende kritische Diskussion um den gezwungenen Optimismus des amerikanischen Traums nach dem Zweiten Weltkrieg. In Anlehnung an die damals populären düsteren Detektivromane sind die → **Handlungsorte** besonders pessimistisch, die → **Handlung** spielt oft in einem urbanen Moloch und der Protagonist ist ein Antiheld, der mit zahlreichen inneren Konflikten zu kämpfen hat.

Filmbewegung (film movement)

Eine Gruppe von Filmemachern und ihr kreativer Ertrag, deren Produkte einen ähnlichen Stil miteinander teilen, der zu seiner Zeit im jeweiligen Land oder der Region eine Innovation darstellte oder darstellt. Beispiele sind die → **Dogma-95**-Bewegung in Dänemark, die → **Nouvelle Vague** in Frankreich, das → **Direct Cinema** in den Vereinigten Staaten und der deutsche → **Expressionismus**.

Filmisch (filmic)

1. Die Charakteristiken von Film oder die Kunst des Filmemachens betreffend; kinematisch.
2. Charakteristiken (vor allen Dingen visuelle Eigenschaften) aufweisend, die an Film oder das Kino erinnern.

Filmmaterial (film stock)

Der lichtempfindliche (= fotografische) Filmstreifen, auf dem analoge Filme gedreht und reproduziert werden.

Filmmusik (film score)

Der musikalische Teil des Tonarrangements/der → **Tonspur** eines Films, der normalerweise im Hintergrund eines Films läuft. Für gewöhnlich wird die Filmmusik von einem Komponisten speziell für den Film komponiert bzw. arrangiert. Nach Erscheinen des fertigen Films wird sie unter der Bezeichnung *Original Soundtrack* (O.S.T.) oft auch separat vermarktet. Im Regelfall beinhaltet die Filmmusik keine Originaltitel von anderen Künstlern, obwohl diese durchaus Bestandteil des kompletten Tonarrangements sein können.

Filmspule/Akt *(reel)*

Eine Spule aus Metall oder Plastik, auf die das analoge fotografische Filmmaterial während des Drehs gewickelt ist und die bei der Aufführung später an den Projektor angebracht wird. Aufgrund der begrenzten Aufnahmelänge einer analogen Filmspule werden diese auch als Akte bezeichnet. Der Begriff stammt aus der Theatertheorie und wurde für die Beschreibung der inhaltlichen Gliederung eines Films übernommen. Für einen Film in Spielfilmlänge werden immer mehrere Akte benötigt.

Filmtheorie *(film theory)*

Das konzeptuelle Gerüst mit dem Filmwissenschaftler versuchen, die generellen Charakteristiken des Mediums Film und seine Beziehung zur Realität, anderen Kunstformen, individuellen Rezipienten und der Gesellschaft im Allgemeinen zu erforschen und zu erklären. Spezielle Bereiche der Filmtheorie beinhalten beispielsweise die → **Autorentheorie** oder formalistische, feministische, marxistische, psychoanalytische und strukturalistische Filmtheorien.

Filter

Ein Gerät oder eine Substanz, die bestimmte Lichtstrahlen partiell oder komplett absorbiert und so das resultierende Bild manipuliert (z. B. → **Weichzeichner** oder Farbfilter).

Fischaugenobjektiv *(fisheye lens)*

Ein Objektiv, das einen extremen → **Weitwinkeleffekt** hat und einen Winkel von nahezu 180° Grad abbildet. Einstellungen mit einem Fischaugenobjektiv sind deutlich verzerrt und produzieren so ein offensicht-  lich artifizielles Bild. In einigen Filmen wird eine Fischaugenlinse (oder ein entsprechend reflektierender → **Dekorationsgegenstand** oder eine → **Requisite**, die einen ähnlichen Effekt produziert) als Teil der → **Mise-en-Scène** benutzt. Dazu kann beispielsweise ein Türspion oder ein konvex geformter Spiegel dienen.

Ein Foto aufgenommen mit einem Fischaugenobjektiv

Flacher Raum *(shallow space)*
Siehe → **Untiefe**.

Flacher Schärfentiefebereich *(shallow depth of field)*
Siehe → **Geringe Tiefenschärfe**.

Fluchtpunkt *(vanishing point)*
Parallele Linien, die nicht parallel zur (horizontalen und vertikalen) Bildebene verlaufen, scheinen an einem bestimmten Punkt innerhalb des Bildes oder außerhalb des Bildrahmens aufeinanderzutreffen. Bei der Filmanalyse kann es hilfreich sein, in einem → **Standbild** nach Fluchtpunkten zu suchen, da man mit ihnen → **Kamerahöhe** und → **Kameraperspektive** bestimmen kann. Findet sich in einem Bild nur ein einzelner Fluchtpunkt, kann man durch diesen eine horizontale Linie zeichnen, dies ist dann die sogenannte → **Horizontlinie**. Die Horizontlinie verläuft genau auf der Höhe, auf der die Kamera im Moment der Aufnahme stand. Gibt es mehr als einen Fluchtpunkt, können zwei gegenüberliegende Punkte (diese liegen dann meistens → **offscreen**, also außerhalb des Bildrahmens) mit einer Linie zur Horizontlinie verbunden werden. Verläuft die Horizontlinie schräg durch das Bild bzw. fällt sie sichtbar zu einer Seite hin ab, zeigt dies, dass die Kamera in die entsprechende Richtung → **gekippt** stand.

Foto mit einem Fluchtpunkt

Foto mit zwei Fluchtpunkten und minimal gekipptem Winkel

Fokus

Der Begriff Fokus beschreibt den Schärfegrad oder die Klarheit in einem bestimmten Bildbereich, etwa einer bestimmten Person oder eines Objekts. Wenn etwas „im Fokus" ist, erscheint es scharf und klar. Wenn ein Objekt oder ein Bildbereich außerhalb des Fokus liegt, erscheint es oder er unscharf und verschwommen. Dieser Bereich wird auch als → **Bokeh** bezeichnet. Filmtechnische Begriffe, die mit Fokus in Zusammenhang stehen, sind → **hohe Tiefenschärfe**, → **geringe Tiefenschärfe** (sehr beliebt bei → **Großaufnahmen**), → **Weichzeichner** und → **Schärfeverlagerung**.

Der Begriff Fokussierung meint das Justieren des optischen Linsensystems mit dem Ziel, das Bild auf der Brennebene (senkrechte Ebene auf Höhe des Brennpunktes) scharf zu stellen.

Form

1. Normalerweise in Opposition zum Inhalt. Siehe → **Struktur**.
2. Die Gestalt eines Gegenstandes, vor allen Dingen durch seine Umrisse definiert.

Formalismus *(formalism)*

Ein bestimmter Stil, der die ästhetische Form über den Inhalt stellt. Die meisten formalistischen Filmemacher haben nicht das Verlangen eine Realität zu zeigen, wie sie von den meisten Menschen

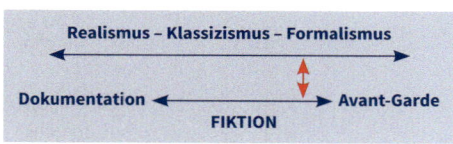

Filmstile und -typen (nach L. Giannetti, 2005: 4)

wahrgenommen wird. Stattdessen versuchen sie ihrer individuellen Vorstellung und Sicht auf die Welt bzw. Realität eine „Form" zu geben. In formalistischen Filmen werden Raum und Zeit häufig verzerrt und → **Kulissen**, → **Dekoration** und → **Kostüme** sowie andere Elemente der → **Mise-en-Scène** überdeutlich expressiv gestaltet.
Formalistische Filmemacher tendieren zu aufwendigen und ausgeklügelten → **kinematografischen** Techniken (z. B. ungewöhnliche Einsätze oder Abfolgen von → **Kameraeinstellungen**, → **Kameraperspektiven**, → **Fokus** oder → **Licht**). Im extremen Fall vermeiden formalistische Filmemacher das Konzept, nachdem Charaktere und Handlungen im Mittelpunkt eines Films stehen, völlig. Stattdessen versuchen sie eine bestimmte Stimmung oder Emotion zu vermitteln, zum Beispiel durch eine Aneinanderreihung mehrerer sehr abstrakt erscheinender Bilder. Im weniger extremen Fall

entstehen Filme, bei denen sich der Formalismus auf einige wenige Bereiche der Bildgestaltung (z. B. Kameraarbeit und Mise-en-Scène) beschränkt. Weil der formalistische Stil viel Aufmerksamkeit auf sich selbst lenkt, wird das Schauen formalistischer Filme, im Gegensatz zu → **klassischen** oder → **realistischen** Filmen, von vielen Menschen als anstrengend empfunden. Um den Grad an Formalismus abzuschätzen, kann man sich eine Skala vorstellen, auf der sich Formalismus und Realismus als Extrempunkte gegenüberliegen. In der Mitte der Strecke befindet sich als Drittes der Klassizismus, der zwischen diesen beiden Extremen die Waage hält.

Formen, geometrische *(shapes)*

Formen sind innerhalb des → **Kaders** wichtige Werkzeuge der Filmemacher, um die Aufmerksamkeit des Zuschauers zu lenken oder den Schauplatz auf eine bestimmte Weise zu gestalten. Die Wirkung von Formen auf den Zuschauer hängt vom unmittelbaren Kontext der → **Einstellung** ab, aber auch von ihrem Gesamtzusammenhang innerhalb des kompletten Films. Für gewöhnlich haben Formen einen großen Einfluss auf die Art und Weise, wie der Zuschauer eine Einstellung wahrnimmt und emotional auf sie reagiert. Deshalb sollte man bei der Filmanalyse immer davon ausgehen, dass auffällige Formen innerhalb des Kaders niemals ein Produkt des Zufalls sind.

Formen entstehen zum Beispiel durch ein oder mehrere entsprechend geformte oder arrangierte Objekte innerhalb der → **Mise-en-Scène**. Häufig bilden aber auch bestimmte → **Licht**effekte oder → **Schatten** Formen im Kader oder sie werden sehr subtil erzeugt, indem sie sich aus dem negativen Raum und/oder der (mit)gedachten Verbindung zwischen Personen, Gesichtern und Objekten ergeben.

In Bezug auf die Komposition lassen sich → **Linien** und die folgenden drei geometrischen Grundformen voneinander unterscheiden:

- → **Dreieck**,
- → **Kreis**,
- → **Rechteck**.

Fragmentierte Kadrage/Partielle Kadrage *(fragmented framing)*

Eine Form der → **Kadrage**, bei der wichtige Objekte oder Personen über einen längeren Zeitraum nur teilweise gezeigt werden (beispielsweise wenn der Körper eines Charakters nur ohne Kopf gezeigt wird). Eine solche fragmentierte Kadrage erzeugt ein Gefühl der Unsicherheit beim Zuschauer, da er es durch Konventionen des → **klassischen** → **Hollywood-Erzählstils** gewohnt ist, dass seine Aufmerksamkeit auf die wichtigen Elemente einer Person oder Szenerie gelenkt wird. Diese Art der Kadrage kann Einstellungen sehr → **experimentell** und → **dokumentarisch**, manchmal aber auch amateurhaft wirken lassen.

Freie Kadrage *(loose framing)*

Bezeichnet eine → **Einstellung**, in der viel sichtbarer Raum um die Hauptfiguren zu sehen ist. Freie Kadrage hebt die Bewegungsfreiheit der gefilmten Personen hervor, was, je nach Kontext, beim Zuschauer ein Gefühl von Freiheit oder aber auch Aussichtslosigkeit, Verlassenheit und Einsamkeit evozieren kann. Das Gegenteil von → **enger Kadrage**.

Froschperspektive *(worm's eye view)*

Siehe → **Extreme Untersicht**.

Führungslicht *(key light)*

Das Führungslicht ist das hellste und das erste Licht, das für eine → **Einstellung** aufgebaut wird, und ist der wichtigste Teil des grundlegenden → **Lichtarrangements**, das als → **Drei-Punkt-Licht** bekannt ist. Das Führungslicht ist das am meisten zielgerichtete Licht der drei Lichter und führt als solches den Blick des Zuschauers. Für sich alleine wirft es zudem den stärksten Schatten. Für weitere Informationen siehe die Einträge zum → **Drei-Punkt-Licht**, → **Fülllicht** und zur → **Spitze**.

Fülllicht/Aufhelllicht *(fill light)*

Das Fülllicht ist Teil des Basislichtarrangements, das als Dreipunktlicht bekannt ist. Das Fülllicht wird als Füller benutzt, um harte Schatten aufzuweichen oder zu eleminieren, die von dem Führungslicht ausgelöst werden. Aus diesem Grund ist es gegenüber dem Führungslichts aufgestellt. Für weitere Informationen siehe die Einträge zu → **Dreipunktlicht**, → **Führungslicht** und → **Spitze**.

Gefärbtes Licht *(tinted light)*

Licht, das von einem → **Filter** eingefärbt wird, der sich vor der Lichtquelle oder der Kamera befinden kann. Manchmal werden → **vorhandene Lichtquellen**, die farbiges Licht abgeben, auch in die → **Mise-en-Scène** eingefügt, wie beispielsweise farbige Straßenlaternen oder Neonlichter. Siehe → **Tönung**.

Gekippte Kadrage *(canted framing)*

Siehe → **Gekippter Winkel**.

Gekippter Winkel/Kipper *(canted angle, Dutch Angle)*

Gekippter
Winkel

Eine Einstellung, bei welcher die Kamera seitlich geneigt ist (vergleiche auch mit dem Eintrag → **Rotieren**) und die Horizontlinie so gekippt wird, dass sie schräg durchs Bild verläuft. Zuvor horizontal und vertikal verlaufende Linien werden durch den gekippten Kamerawinkel zu Diagonalen und Schrägen. Man kann auch sagen, dass ein gekippter Kamerawinkel eine Bildansicht erzeugt, in der die Ausrichtung des → **Kaders** (siehe auch → **Kadrierung**) nicht mit der Ausrichtung des Motivs übereinstimmt. In erster Linie verfälschen gekippte Winkel die Perspektive in einer Weise, die beim Publikum Verwirrung erzeugt, weil das präsentierte Erscheinungsbild der → **Mise-en-Scène** mit den Erwartungen des Publikums bricht. Entsprechend führt dies beim Publikum oft zu einem Gefühl von Kontrollverlust und Ungleichgewicht. Diese unangenehme Abweichung von der Norm könnte der Grund dafür sein, dass ein gekippter Winkel im englischen Sprachgebrauch oft auch als *Dutch Angle* bezeichnet wird (wie auch andere englische Redewendungen mit ähnlich negativer Bedeutung, beispielsweise *Dutch Courage* = angetrunkener Mut oder *to go Dutch* = getrennt bezahlen). Für weiterführende Informationen siehe → **Kameraperspektiven**, → **Extreme Aufsicht**, → **Aufsicht**, → **Normalsicht**, → **Untersicht** und → **Extreme Untersicht/Froschperspektive**.

Genre

Allgemeiner Begriff für die Klassifizierung → **fiktionaler** Filme basierend auf vage umrissenen gemeinsamen Merkmalen oder stilistischen Gemeinsamkeiten. Mit der Zeit wurden Genres mit bestimmten → **Konventionen** verknüpft, die jedoch kontinuierlich wechseln, da immer neue Genres entwickelt werden und andere verschwinden. Aus diesem Grund ist der Genrebegriff ein vager Begriff ohne feste Grenzen. Oft passt ein Film in mehrere Genrekategorien. Einige weitverbreitete Genres sind Actionfilme, Western, Science-Fiction, Thriller, Horror, Gangsterfilme und Musicals.

Geringe Tiefenschärfe *(shallow focus/selective focus)*

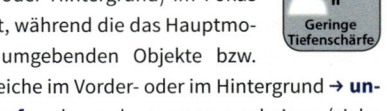

Geringe
Tiefenschärfe

Ein Bereich von begrenzter → **Schärfentiefe**, in welchem nur eine der Tiefenebenen (Vordergrund, Mittelgrund oder Hintergrund) im Fokus

liegt, während die das Hauptmotiv umgebenden Objekte bzw. Bereiche im Vorder- oder im Hintergrund → **unscharf** und verschwommen erscheinen (siehe → **Bokeh**). Die Technik wird typischerweise genutzt, um die Aufmerksamkeit der Zuschauer auf den scharf gestellten Bildbereich zu lenken. Eine geringe Tiefenschärfe wird auch oft eingesetzt, um in einer → **Nahaufnahme** anzudeuten, dass der jeweilige Charakter gerade ganz auf sich selbst konzentriert ist und seine Umgebung kaum wahrnimmt bzw. von seiner Umgebung kaum wahrgenommen wird. Die gegenteilige Technik zur geringen Tiefenschärfe ist die → **große Tiefenschärfe**.

Geringer Kontrast, niedriger Kontrast *(low contrast)*

In der Fotografie und der Kinematografie meint der Ausdruck → **Kontrast** den Unterschied zwischen beleuchteten und schattigen Bereichen eines Bildes. Bilder mit geringem Kontrast haben weder sehr tiefe Schatten noch starke Highlights, die den Blick des Zuschauers auf ein bestimmtes Detail lenken. Stattdessen tendieren Schatten dazu, transparent und weich zu erscheinen. Aufgrund des Fehlens von tiefen Schatten, die Personen voneinander abgrenzen und Tiefe kreieren, wirken Bilder mit geringem Kontrast eher flach und blass. Gegenteil von → **hoher Kontrast**. Ein Stil des Ausleuchtens, der durch geringen Kontrast charakterisiert wird, nennt man → **High-Key-Stil**.

Gesättigte Farben *(saturated colours)*

Farben, die besonders leuchtstark und lebendig erscheinen. Ihre Leuchtkraft und Buntheit lässt sich darauf zurückführen, dass einer gesättigten Farbe, wenn überhaupt, nur ein geringer Anteil ihrer → **Komplementärfarbe** beigemischt wurde. Den gesättigten Farben stehen die → **entsättigten Farben** gegenüber. Eine Entsättigung wird durch eine Beimischung der Komplementärfarbe erreicht, was zu einer Reduzierung der Ausgangsfarbe in Richtung Grau führt. Für weitere Informationen siehe den Eintrag zum → **Farbsättigungskontrast**.

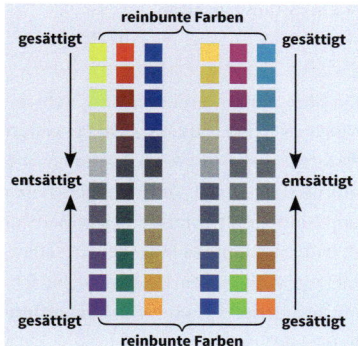

Geschichte *(story)*

In einem → **narrativen** Film umfasst die Geschichte alle Umstände und Ereignisse in der → **Diegese**, auf die der Zuschauer anhand der in der → **Handlung** dargebotenen Informationen schließen kann.

Gleichgewicht/Balance *(balance)*

Ein Aspekt der → **Mise-en-Scène**, der den Grad der Ausgewogenheit einer → **Komposition** bzw. die Gleichmäßigkeit ihrer Proportionen beschreibt.

Gleichgewicht wird durch das Spiel mit verschiedenen Bildelementen wie Formen, Farben oder Licht erzeugt, beispielsweise indem diese Elemente symmetrisch im Bildraum angeordnet werden. Das Gegenteil von Gleichgewicht ist → **Ungleichgewicht**.

Grafischer Vektor
Siehe → **Vektoren**.

Großaufnahme *(close-up, CU)*

Ein Teil des Objekts oder der abgebildeten Person füllt nahezu den gesamten Bildraum aus, während von der Umgebung kaum etwas zu sehen ist. Typischerweise zeigt eine Großaufnahme nur das Gesicht einer Person, manchmal sind auch die Schultern mit angeschnitten. Die Großaufnahme betont die Mimik oder bestimmte Gesten einer Person oder zeigt ein Detail an einem bestimmten Objekt. Großaufnahmen können starke Emotionen beim Zuschauer auslösen, da sie aufgrund der scheinbar sehr geringen → **Distanz** zum Darsteller die Identifikation mit ihm fördern. Für weiterführende Informationen siehe → **Einstellungsgrößen**.

Große Tiefenschärfe *(deep focus)*

Ein filmisches → **Stilmittel**, bei dem wichtige Bildelemente sowohl im Nahbereich der Kamera als auch weit im Hintergrund positioniert sind. Kennzeichnend für eine hohe Tiefenschärfe ist, dass diese Elemente sich auf verschiedenen Tiefenebenen befinden (Vordergrund, Mittelgrund und Hintergrund) und alle zur selben Zeit im → **Fokus** liegen. Große Tiefenschärfe gibt den Zuschauern die Möglichkeit, selbst zu wählen, auf welches Element sie ihre Aufmerksamkeit lenken. Eine der technischen Voraussetzungen für hohe Tiefenschärfe ist ein ausreichend großer → **Schärfentiefenbereich**. Dieser kann mit einem → **Weitwinkelobjektiv** erreicht werden.

Halbnah *(medium shot, MS)*

Diese Einstellungsgröße bildet normalerweise ungefähr die Hälfte einer Person ab, üblicherweise von der Hüfte aufwärts, sodass die Person und die Umgebung etwa gleichwertig sind. Wahrscheinlich gehört die halbnahe Einstellung aufgrund des Gleichgewichts zwischen abgebildeter

Person/Objekt und Umgebung zu den am häufigsten verwendeten Einstellungsgrößen im → **narrativen Film**. Für weiterführende Informationen siehe den Eintrag über → **Einstellungsgrößen**.

Halbtotale *(medium long shot, MLS)*

Bei dieser Einstellungsgröße wird die Person normalerweise von den Knien aufwärts gezeigt. Die Gewichtung der Person und ihrer Umgebung ist dadurch ungefähr gleich. Eine spezielle Form der Halbtotalen ist der sogenannte „Plain Américain" oder auch „American Shot": In Western  wird der Cowboy oft von den Oberschenkeln aufwärts gezeigt, sodass sein Pistolengürtel mitsamt der Waffe zu sehen ist. Für weiterführende Informationen siehe den Eintrag zu → **Einstellungsgrößen**.

Handkamera, Handkameraeinstellung *(handheld camera)*

Eine Handkameraeinstellung ist mit einer Kamera gedreht, die der Kameramann in der Hand trägt, während er sich frei am Drehort bewegt. Die Handlichkeit und exzellente Beweglichkeit der modernen leichtgewichtigen Handkameras erlauben es dem Filmemacher, mit der Kamera  überall dort zu filmen, wo auch die Schauspieler agieren, und ihnen in ihrem Bewegungsspielraum in nichts nachzustehen. Allerdings produziert die Handkamera eher ruckelige, schroffe Bilder – ein Effekt, der manchmal bewusst gesucht wird. In solchen Fällen wird die mobile Handkamera oft genutzt, um einen Eindruck von Realismus, Unmittelbarkeit und Spontanität zu erreichen. Wird dieser Effekt übertrieben, führt das unter Umständen schnell zu einem Schwindelgefühl beim Zuschauer. Handkameraeinstellungen sind zu einem Markenzeichen des → **realistischen** und → **dokumentarischen** Filmemachens geworden.

Handlung *(plot)*

Die Struktur der einzelnen Ereignisse in einer narrativen Erzählung und die ursächlichen Bezüge zwischen diesen. Die Handlung steht im Gegensatz zur → **Geschichte**, die der Zuschauer sich in seiner Vorstellung aus allen erzählten Ereignissen und Umständen herleitet.

Handlungsachse/180-Grad-Achse *(axis of action)*

Eine gedachte Linie zwischen den beiden dramaturgischen Hauptelementen einer Szene, z.B. zwei Charakteren. Die Handlungsachse ist Hauptbestandteil der → **180-Grad-Regel**, in der festgelegt wird, dass von jeder Position innerhalb des Bereiches auf einer Seite der Achse gefilmt werden darf, diese aber niemals überschritten werden soll. Ein Wechsel auf die andere Seite der Handlungsachse würde bei den Zuschauern zu Desorientierung führen.

Harter Schnitt *(straight cut)*

Ein einfacher Schnitt, bei dem das erste → **Bild** der zweiten Einstellung auf das letzte Bild der ersten Einstellung folgt. Ein harter Schnitt kommt ohne → **Überblendung** aus. Harte Schnitte sind die häufigsten Verbindungen zwischen zwei Einstellungen. Siehe auch → **Schnitt**.

Hartes Licht *(hard light)*

Begriff, der eine bestimmte Lichtqualität beschreibt. Hartes Licht erzeugt besonders scharfe Kanten (wie mit einem Lineal gezogen) zwischen beleuchteten und schattigen Bereichen. Eine harte Beleuchtung wird mithilfe direkter, besonders heller Lichtquellen erzeugt. Durch die auffälligen Unterschiede zwischen hellen und dunklen Bereichen werden auch kleine Details im Bild besonders gut sichtbar. Dementsprechend erscheinen Personen, die mit hartem Licht beleuchtet werden, weniger attraktiv, weil Fältchen und andere Mängel der Haut besonders akzentuiert werden. Für weitere Informationen siehe die Einträge, die sich mit → **weichem Licht** und der → **Lichtqualität** beschäftigen.

Hell-Dunkel-Kontrast *(light-dark contrast)*

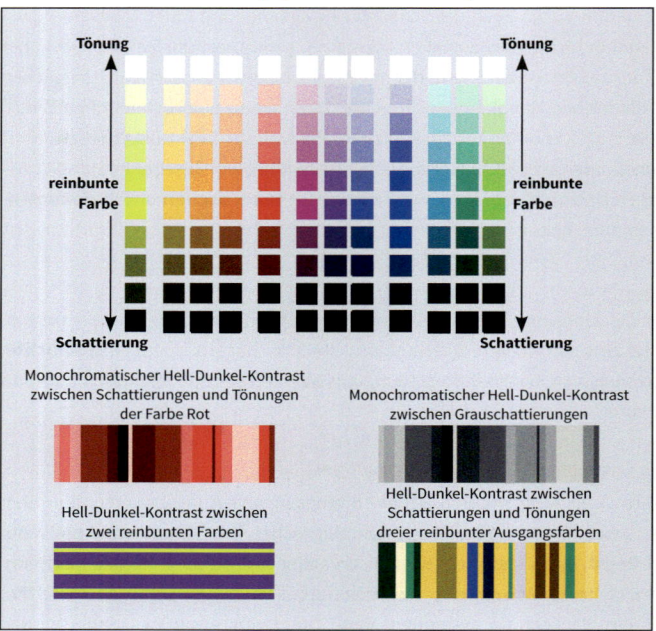

Monochromatischer Hell-Dunkel-Kontrast zwischen Schattierungen und Tönungen der Farbe Rot

Monochromatischer Hell-Dunkel-Kontrast zwischen Grauschattierungen

Hell-Dunkel-Kontrast zwischen zwei reinbunten Farben

Hell-Dunkel-Kontrast zwischen Schattierungen und Tönungen dreier reinbunter Ausgangsfarben

Die → **Helligkeit** einer Farbe kann durch das Hinzufügen von Schwarz oder Weiß verändert werden. Das Hinzufügen von Schwarz wird als → **Schattierung** bezeichnet, während das Mischen mit Weiß → **Tönung** genannt wird. Hell-Dunkel- Kontraste beeinflussen sowohl den Kontrast zwischen verschiedenen Schattierungen und Tönungen einer einzelnen Farbe (in diesem Fall spricht man von einem → **monochromatischen Farbschema**) als auch den Kontrast zwischen verschiedenen → **reinen Farben**, die sich in ihrer subjektiven Helligkeit unterscheiden, wie zum Beispiel die beiden Primärfarben Gelb und Blau. In jedem Bild ist es zuerst die hellste Farbe, die Aufmerksamkeit auf sich lenkt.

Heranzoomen *(zoom in)*

Eine Einstellung, in der eine Person oder ein Objekt, eine Szenerie oder Handlung optisch näher herangeholt wird. Beim Heranzoomen wird eine einzelne Person bzw. ein Objekt (oder ein Detail) aus seiner Umgebung herausgegriffen und isoliert, entsprechend endet eine solche

Einstellung oft in einer → **Großaufnahme**. Das Gegenteil von Heranzoomen ist das → **Herauszoomen**. Für weiterführende Informationen siehe → **Zoom** und → **Zoomobjektiv**.

Herauszoomen *(zoom out)*

Eine Einstellung, in der eine Person oder ein Objekt, eine Szenerie oder Handlung optisch verkleinert wird und deshalb zurückzuweichen scheint. Beim Herauszoomen wird eine einzelne Person bzw. ein Objekt (oder ein Detail) innerhalb seiner weiteren Umgebung gezeigt, entspre-

chend endet eine solche Einstellung oft in einer → **Totalen** oder sogar in einer → **Weiten**. Das Gegenteil von Herauszoomen ist das → **Heranzoomen**. Für weiterführende Informationen siehe → **Zoom** und → **Zoomobjektiv**.

High-Key-Stil *(high-key lighting)*

Einer der Hauptstile der Lichtgestaltung beim Filmemachen. Dieser Stil wird oft assoziiert mit dem überwiegend hellen Licht und der Ausleuchtung, wie sie in Sitcoms üblich ist. Der High-Key-Stil zeichnet sich durch einen geringen Unterschied zwischen dem → **Führungslicht** und dem

→ **Fülllicht** aus. Normalerweise wird er in Kombination mit → **weichem Licht** benutzt, um eine angenehme Atmosphäre zu schaffen, die wenige → **Kontraste** zwischen ausgeleuchteten und schattigen Bereichen produziert. High-Key-Licht kann sehr hilfreich sein für das Kreieren einer positiven nächtlichen Stimmung oder aber auch einer kalten, sterilen Stimmung, wenn man es mit Lichtquellen kombiniert, die ein hartes Licht erzeugen. Für weitere Informationen siehe den Eintrag zum → **Low-Key-Stil**.

Hinfahrt *(track in)*

Eine → **Kamerafahrt**, bei der sich die Kamera auf eine Person oder ein
Objekt zubewegt. Gegenteil von → **Rückfahrt**. Siehe auch → **Dolly**.

Hitchcock-Regel *(Hitchcock's rule)*

Ein kinematografisches Prinzip, das von Alfred Hitchcock während seiner berühmten
Gespräche mit François Truffaut definiert wurde. Die Regel besagt, dass die Größe eines Objekts innerhalb des → **Kaders** seine Signifikanz an dem jeweiligen Punkt innerhalb der Geschichte bzw. Handlung widerspiegelt.

Hohe Abbildungstiefe *(great depth of field)*

Siehe → **Große Tiefenschärfe**.

Hoher Kontrast *(high contrast)*

In der Fotografie und Kinematografie meint der Begriff → **Kontrast** die Unterschiede in
der Helligkeit zwischen den hellen und dunklen Bereichen eines Bildes. In dieser Hin-
sicht hat ein Bild mit hohem Kontrast eine hohe Anzahl an starken, dunklen Schatten
alternierend mit sehr hell beleuchteten Bereichen, sodass sich ein unruhiger oder
unbehaglicher Eindruck einstellt. Siehe auch → **Chiaroscuro**. Hoher Kontrast ist das
Gegenteil von → **geringem Kontrast**. Ein Beleuchtungsstil mit hohen Kontrasten ist
charakteristisch für den → **Low-Key-Stil**.

Hommage („Huldigung")

Ein Film oder Teil eines Films, den der Regisseur nutzt, um seinen Respekt für etwas
oder jemanden in Form einer künstlerischen Anspielung oder Bezugnahme auszu-
drücken. Im Film kann eine Hommage eine Wiederverwertung von Teilen früherer Filme sein, eine Reproduktion davon oder eine Imitation von charakteristischen Aspekten anderer Filme oder Filmemacher.

Horizontlinie *(horizon line)*

Eine gedachte Gerade durch einen oder zwei → **Fluchtpunkte**, die die Höhe markiert,
in der die Kamera positioniert ist. Je nach → **Kamerawinkel** bewegt sich die Horizontlinie im Bild hoch oder runter, was hilfreich sein kann für das Bestimmen der jeweiligen
→ **Kameraperspektive**. Fällt die Horizontlinie zu einer Seite ab, steht die Kamera in
einem → **gekippten Winkel**.

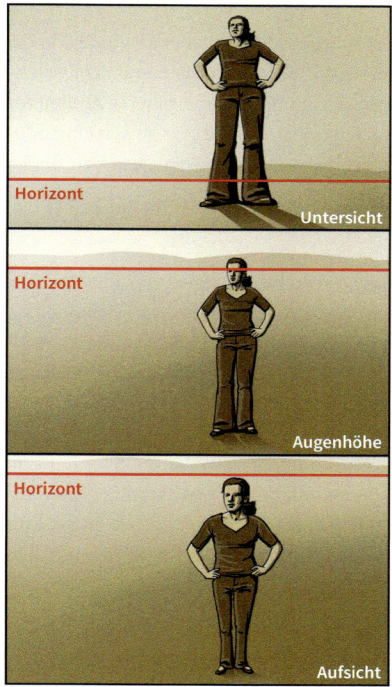

Veränderung der Position der Horizontlinie und die optischen Verzerrungen abhängig von verschiedenen Kamerawinkeln und -höhen

Indexvektor *(index vector)*
Siehe → **Vektoren**.

Intertextualität *(intertextuality)*
Referenzen oder Verbindungen zwischen verschiedenen „Texten" jeder Art (auch Filme, Artikel, Bilder etc.). Beispiele für Intertextualität im Film sind Adaptionen von Romanen, → **Hommagen**, Parodien, → **Prequels**, → **Sequels** und Neuverfilmungen (Remakes).

Irisblende *(iris shot)*

Eine Irisblende ist eine Technik, die häufig in → **Stummfilmen** benutzt wurde und bei der ein schwarzer Kreis Teile des → **Kaders** verdeckte. Oft wurde damit signalisiert, dass innerhalb der Geschichte Zeit vergangen war, ähnlich wie bei einer → **Abblende/ Aufblende.** Auch heutzutage wird diese Technik noch imitiert, als Anspielung oder Hommage an die Stummfilmzeit oder um eine Sequenz so aussehen zu lassen, als sei sie zu Stummfilmzeiten produziert worden.

Italienischer Neorealismus

Eine italienische → **Filmbewegung** der 1940er- und 1950er-Jahre, die sich dadurch auszeichnete, dass sie Geschichten erzählte, die im Milieu der armen Arbeiterklasse spielten, generell an → **Originaldrehorten** gefilmt wurden und oftmals Laiendarsteller einsetzten. Die Verwendung von streng → **realistischen Schauplätzen** und Techniken betont den → **dokumentarischen** Aspekt der Filmkunst. Neorealistische Filme beschäftigen sich überwiegend mit der schweren ökonomischen und moralischen Situation in Italien nach dem Zweiten Weltkrieg und reflektieren die Veränderungen in der italienischen Gesellschaft der Nachkriegszeit und die Mühsal des alltäglichen Lebens: Armut, Arbeitslosigkeit und Verzweiflung. Einer der bekanntesten neorealistischen Filme ist Vittorio de Sicas *Fahrraddiebe* (Originaltitel: *Ladri di biciclette*) aus dem Jahr 1948.

Italienischer Western/Italowestern

Siehe → **Spaghettiwestern**.

Jump Cut
(dt. manchmal „Bildsprung"; selten auch „Sprung-Schnitt")

Ein Jump Cut ist eine Art von → **Überblendung** zwischen zwei Einstellungen, die den gleichen Inhalt aus der gleichen oder nur wenig veränderten Kameraposition zeigt, bei der aber ein Teil des Inhalts zu fehlen scheint. Wenn der Winkel der → **Kadrierung** von zwei aufeinanderfolgenden Einstellungen zu ähnlich ist (siehe die → **30-Grad-Regel**), ergibt das den Eindruck, dass ein Objekt von einer Position auf eine andere gesprungen ist.

Tatsächlich unterbricht ein Jump Cut eine kontinuierliche Handlung in einem bestimmten Moment und greift sie dann nahtlos zu einem Zeitpunkt wieder auf, an dem sie weiter fortgeschritten ist. Da die zweite Einstellung jedoch zeitlich versetzt ist, hat der Zuschauer das Gefühl, etwas von der Handlung sei verloren gegangen. Der Jump Cut ist eine spezielle Form des → **elliptischen Schnitts**, bei dem nur eine geringe Zeitspanne fehlt.

Kadrage/Kadrierung/Bildgestaltung *(framing)*

Die Auswahl und → **Komposition** des → **Onscreen**-Raums einer Einstellung unter Berücksichtigung des Kaders bzw. Bildrahmens (siehe den Eintrag zu → **Bild/Kader**). Im Bereich der → **Kinematografie** beinhaltet die Kadrage die Auswahl und Gestaltung von → **Einstellungsgröße** und → **Kameraperspektiven** sowie die Wahl des → **Objektivtyps**. Eine ungewöhnliche Form der Kadrage ist die → **fragmentierte Kadrage**, in der wichtige Objekte oder Personen über einen bestimmten Zeitraum nicht komplett, sondern nur teilweise gezeigt werden (z. B. wenn der Körper einer Person ohne Kopf gezeigt wird).

Kalt-Warm-Kontrast *(cool-warm contrast)*

Auf Basis des menschlichen Empfindens von Farbtemperatur kann der → **Farbkreis** in zwei Teile geteilt werden. Auf der warmen Hälfte befinden sich alle Farben von Gelb bis Violettrot, auf der kalten Hälfte alle Farben von Violett bis Gelbgrün. Der Effekt des Kalt-Warm-Kontrastes hängt ei-

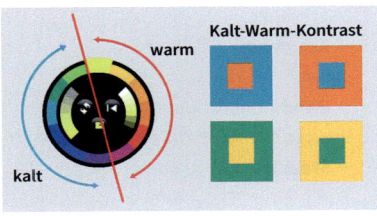

nerseits mit den verschieden empfundenen Temperaturen der unterschiedlichen Farben zusammen, andererseits beeinflusst die Wirkung der Farben den Eindruck von räumlicher Tiefe. Werden kalte Farben vor warmen Farben platziert, scheinen die kalten Farben noch weiter in den Hintergrund zu sinken, bei umgekehrter Anordnung (warme vor kalten Farben) scheinen sich hingegen die warmen Farben des Hintergrundes in den Vordergrund zu drängen. Den stärksten Tiefeneffekt dieser Art erreicht man durch eine Kombination der Komplementärfarben Rotorange und Blaugrün.

Kamerabewegung *(camera movement)*

Es werden drei Haupttypen von Kamerabewegungen unterschieden, welche jeweils in weitere Kategorien unterteilt sind:

1. **Bewegungen mit einer Kamera, die fest auf einem Stativ montiert ist (fixierte Kamera):**

   → **Schwenk:** Die Kamera bewegt sich entlang ihrer horizontalen Achse, entweder von links nach rechts oder umgekehrt. Ein besonders schneller Schwenk, der das Bild unscharf erscheinen lässt, wird → **Reißschwenk** genannt.

   → **Kippen (Neigen):** Die Kamera bewegt sich entlang ihrer vertikalen Achse auf oder ab und verändert so die → **Kameraperspektive**.

   → **Rotation (Rollen):** Die Kamera rotiert entlang einer gedachten Linie zwischen sich und dem gefilmten Objekt.

2. **Die sich bewegende Kamera (mobile Kamera):**

   → **Kamerafahrt:** Eine auf ein Gefährt montierte Kamera, das typischerweise auf Schienen gelagert ist, vollzieht auf horizontaler Ebene eine gleichmäßige Bewegung durch den Raum. Die Bewegung kann dabei zum Objekt hin oder von ihm weg (Gegenbewegung) führen. Die Kamera kann aber auch auf einer kreisförmigen Bahn um das Objekt herum fahren (siehe → **Kreisfahrt**).

   → **Dolly:** Ein Kamerawagen, der sich frei im Raum bewegen kann und eine freie, horizontale Bewegung der Kamera erlaubt. Im Gegensatz zur Kamerafahrt ist die Bewegungsfreiheit hier nicht auf geradlinige Bewegungen entlang von Schienen beschränkt.

   → **Kranfahrt:** Eine Kamera, die auf einem Kran montiert wurde, scheint sich frei schwebend im Raum zu bewegen.

   → **Handkamera:** Die Kamera wird mit den Händen gehalten, sodass die Kamerabewegungen durch die Körperbewegungen des Kameramanns entstehen.

   → **Steadicam:** Die Kamera ist am Körper des Kameramanns befestigt und wird durch ein Haltesystem so stabilisiert, dass die unerwünschten Laufbewegungen des Kameramanns weitgehend ausgeglichen werden. Steadicams ermöglichen, ähnlich wie Kamerafahrten auf Schienen oder mit einem Dolly, sehr gleichmäßige Kamerabewegungen.

3. **Die sich scheinbar bewegende Kamera (durch eine Veränderung der Brennweite wird ein Effekt erzielt, der so wirkt, als würde sich die Kamera bewegen):**

   Heranzoomen: Beim → **Heranzoomen** wird das Hauptaugenmerk auf ein bestimmtes Detail gelenkt, indem der Blickwinkel der Kamera verengt wird, wodurch sich die Ansicht des gefilmten Gegenstands vergrößert.

Herauszoomen: Beim → **Herauszoomen** wird der gesamte Handlungsraum einer Szene offenbart, indem der Blickwinkel der Kamera nach und nach vergrößert wird.

Piktogramme, die Bewegungen der fixierten Kamera darstellen:

Piktogramme, die Bewegungen der mobilen Kamera darstellen:

Piktogramme, die scheinbare Bewegungen der Kamera darstellen:

Kamerafahrt *(dolly shot)*

Eine → **Einstellung**, die mit einer mobilen Kamera gefilmt wurde, die auf einem Kamerawagen **(→ Dolly)** befestigt ist.

Kamerafahrt *(tracking shot)*

Eine Kamerafahrt ist jede Einstellung, in der die Kamera filmt, während sie ruhig und leichtgängig umhergefahren wird. In den meisten Fällen ist die Kamera dabei auf einem → **Dolly** befestigt, der auf Schienen fährt.

Kamerafahrten können auf verschiedenste Weise ausgeführt werden, die nicht auf einen Dolly angewiesen sind, z. B. mithilfe eines → **Krans** oder einer → **Steadicam**. Denkbar ist aber auch die Umsetzung mittels einer Handkamera, die dann allerdings auf einem fahrbaren Untersatz moniert sein muss (z. B. auf einem Rollstuhl o. Ä.).

Eine Kamerafahrt wird zumeist parallel zur Bewegung des Schauspielers ausgeführt. Folgt die Kamera dem Schauspieler über einen längeren Zeitraum, spricht man von einer → **Verfolgungsfahrt**. Was mögliche Kamerabewegungen und Bewegungsrichtungen bei einer Fahrt angeht, sind der Fantasie des Kameramanns kaum Grenzen gesetzt. Die gängigsten Bewegungen sind:

- Die Kamera bewegt sich in Richtung eines Objekts oder einer Person (Hinfahrt).
- Die Kamera bewegt sich von einem Objekt oder einer Person weg (Rückfahrt).
- Die Kamera bewegt sich parallel mit einem Objekt oder einer Person in die gleiche Richtung (*tracking within*).
- Die Kamera bewegt sich in die entgegengesetzte Richtung einer Person oder eines Objekts (z. B. eines Autos).
- Die Kamera bewegt sich um eine Person herum im Kreis (→ **Kreisfahrt**).

Kamerahöhe *(camera height)*

Die Position der Kamera über dem Boden. An dieser Stelle sei darauf hingewiesen, dass die Kamerahöhe nichts über die → **Kameraperspektive** aussagt, also den Winkel, aus dem die Kamera ein Objekt filmt. Wenn sich die Kamerahöhe innerhalb einer Einstellung ändert, nennt man diesen Vorgang eine → **Vertikalfahrt**.

Kameramann/Chefkameramann *(cinematographer)*

Die für die Kameraarbeit und das Beleuchtungsarrangement zuständige Person. Oftmals wird dieser Titel mit dem englischen Begriff des „Director of Photography (DP)" gleichgesetzt, der auch im deutschen Sprachgebrauch nicht unüblich, hier aber auch als „bildgestaltender Kameramann" bekannt ist. Der Director of Photography ist der Chef des Kamera- und Lichtteams. Er arbeitet eng mit dem Regisseur zusammen und ist somit mitverantwortlich für die künstlerische und technische Umsetzung des Films (siehe auch → **Kinematografie**).

Zudem ist es hilfreich, den Kameramann oder Chefkameramann vom Schwenker (auch: Kamera-Operator) zu unterscheiden, der nur für die Bedienung der Kamera zuständig ist. Manchmal handelt es sich beim Schwenker und beim Director of Photography allerdings auch um ein und dieselbe Person (z. B. Claude Lelouch bei *Ein Mann und eine Frau* und Nicolas Roeg bei *Walkabout*).

Kameraperspektive (seltener: Kamerawinkel, *camera angle*)

Die verschiedenen Kameraperspektiven beschreiben den Winkel, aus dem die Kamera das Motiv filmt. Verschiedene Kameraperspektiven haben unterschiedliche optische Verzerrungen des Motivs zur Folge, die jeweils eine Reihe spezifischer Assoziationen beim Zuschauer wecken können. Meistens werden dabei die verschiedenen Perspektiven mit dem Eindruck von Macht oder Unterlegenheit verknüpft, wobei die Stärke des jeweiligen Eindrucks maßgeblich von der Entfernung zwischen Kamera und Objekt mitbestimmt wird. Wenn die → **Großaufnahme** eines Gesichts beispielsweise mit einer → **Untersicht** kombiniert wird, kann das Enge oder Panik ausdrücken, vielleicht aber auch Kontrollverlust oder Ohnmacht anzeigen. Die verschiedenen hier beschriebenen Wirkungen der Kameraperspektiven werden zwar sehr oft eingesetzt, wie mit jeder → **Konvention** kann mit ihnen aber auch gebrochen werden, sodass mitunter ein geradezu parodistischer oder gegenteiliger Effekt erzielt wird.

Die fünf wichtigsten Kameraperspektiven sind → **extreme Aufsicht (Vogelperspektive)**, → **Aufsicht**, → **Normalsicht**, → **Untersicht** und → **extreme Untersicht (Froschperpektive)**. Ein Sonderfall ist der sogenannte → **gekippte Winkel** oder Dutch Angle. Hier

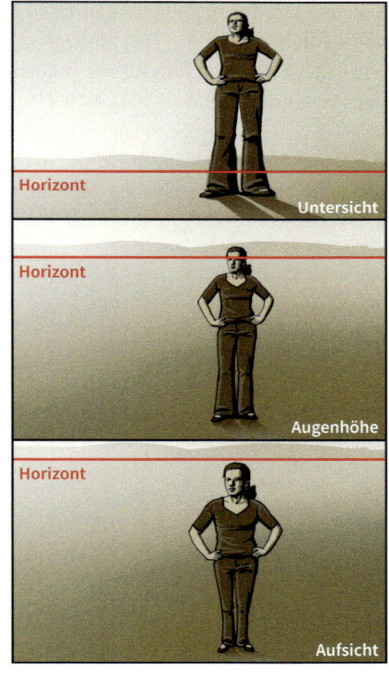

findet keine vertikale, sondern eine horizontale Neigung der Kamera statt, sodass der Bildrahmen zu kippen scheint. Ein gekippter Winkel wird oft mit einer der anderen Kameraperspektiven kombiniert.

Kinematografie *(cinematography)*

Kinematografie (stammt aus dem Griechischen und bedeutet in etwa „Aufzeichnen von Bewegung") ist ein sehr bedeutender Bereich der Filmproduktion. Obwohl Kinematografie als eigenständige Kunstform verstanden wird, ist sie untrennbar mit der Fotografie verbunden. Sowohl in der Fotografie als auch in der Kinematografie hat der Fotograf oder Kameramann viele verschiedene Bereiche und Aspekte zu überblicken. Dazu gehören etwa die Wahl des passenden Filmmaterials, die Planung und Einrichtung der → **Beleuchtung**, die Wahl von Filtern, die die verschiedenen Lichtquellen ergänzen, um Lichtqualität und Farbe zu beeinflussen, die Wahl des → **Objektivtyps**, die → **Fokussierung** der verschiedenen dargestellten Objekte sowie die → **Kadrage** (alles unter Berücksichtigung der → **Einstellungsgröße**, der → **Kameraperspektive** und der → **Komposition**).

Üblicherweise unterscheidet man in der Kinematografie den Chefkameramann (auch: Director of Photography) vom Schwenker (auch: Kamera-Operator), der nur für die Bedienung der Kamera zuständig ist. Manchmal handelt es sich beim Schwenker und beim Director of Photography allerdings auch um ein und dieselbe Person (z. B. Claude Lelouch bei *Ein Mann und eine Frau* und Nicolas Roeg bei *Walkabout*.

Kinematografisch *(cinematic)*
Siehe → **Filmisch**.

Kippeinstellung *(tilt[ing] shot)*
Eine Einstellung, in der die Kamera eine deutliche Kippbewegung (Neigung) vollzieht (→ **Kippen**).

Kippen, Neigen *(tilting)*
Eine Bewegung der fixierten Kamera, in der die Kamera vertikal schwenkt, von oben nach unten oder umgekehrt. Das Kippen der Kamera ist vergleichbar mit der Bewegung einer Person, die mit dem Kopf nickt, um Zustimmung zu signalisieren. Siehe auch → **Schwenken**.

Übliche Funktionen von Kippeinstellungen können sein:

1. Zeigen eines Objekts, das über den oberen oder unteren Bildrand hinausragt (enthüllen).
2. Einführung eines Handlungs- bzw. Drehortes (oben ▶ unten).
3. Aufbau von → **Spannung**, indem eine Person von den Füßen an aufwärts gezeigt wird (unten ▶ oben).
4. Ein Ereignis verschleiern, indem hinauf in den Himmel gekippt wird (unten ▶ oben).

Klassische Schauspielausbildung *(classical training)*
Eine spezielle Herangehensweise an die Vermittlung des Schauspielhandwerks, die vor allem an britischen Schauspielschulen unterrichtet wird. → **Schauspieler** dieser Schulen erhalten eine sehr umfangreiche Ausbildung und können auf eine Vielzahl verschiedener Techniken zurückgreifen. Insbesondere wird großen Wert auf die korrekte Ausdrucksweise, das Beherrschen verschiedener Dialekte, Tanz, Gesang und → **Körpersprache** gelegt. Für weiterführende Informationen siehe die Einträge zum → **Method Acting** und zur → **Meisner Technik**.

Klassisches Hollywood-Kino

Der Begriff beschreibt das kommerzielle amerikanische Kino, das vor allem zwischen den 1920er- und 1960er-Jahren von den großen Produktionsgesellschaften Hollywoods vorangetrieben wurde. Das Hauptanliegen in klassischen Hollywood-Filmen war es, den Zuschauern eine bestimmte Art von Geschichten zu erzählen, in denen einer oder mehrere Charaktere (die normalerweise mit den großen Filmstars der Zeit besetzt waren) auf dem Weg zu ihrem Ziel eine ganze Reihe von Problemen zu bewältigen hatten. Für gewöhnlich folgten die Filme einem stark formalisierten Ablauf, an dessen Ende die formelle → **Auflösung** aller Konflikte – das Happy End – stand. Im klassischen Hollywood-Stil (Kurzform: „klassischer Stil") war man stets bemüht, alle filmtechnischen Mechanismen möglichst unauffällig zu gestalten (auch: „invisible storytelling"/„unsichtbare Erzählweise"). Vor diesem Hintergrund wurde auch das sogenannte → **Kontinuitätsprinzip** (engl.: „continuity editing") entwickelt und stetig verfeinert.

Klassizismus (auch: klassisches Kino, *classicism*)

Ein weiter Begriff innerhalb der Filmproduktion, der das klassische Hollywood-Kino meint und verschiedene narrative und formale → **Konventionen** und Wertmaßstäbe umfasst. Für weiterführende

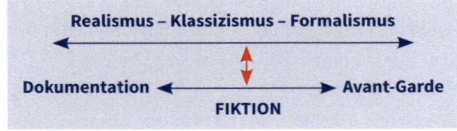

Filmstile und -typen (nach L. Giannetti, 2005: 4)

Informationen siehe den Eintrag über das → **Klassische Hollywood-Kino**.

Kleben *(splice)*

Der Prozess, bei dem zwei Filmschnipsel miteinander verbunden werden (siehe → **Schnitt**).

Komplementärkontrast *(complementary contrast)*

Farben, die einander auf dem → **Farbkreis** gegenüberliegen, werden als Komplementärfarben bezeichnet. Werden Komplementärfarben miteinander gemischt, heben sie ihre Leuchtkraft gegenseitig auf, sodass die Ursprungsfarbe eine Graustrübung erhält. Dieser Vorgang wird auch als Entsättigung bezeichnet (→ **Entsättigte Farben**). Im Gegensatz dazu steht der Effekt, der entsteht, wenn Komplementärfarben nebeneinander zu sehen sind. In diesem Fall verstärken sie ihre Leuchtkraft gegenseitig, sodass sie noch farbiger und leuchtender erscheinen. Der Komplementärkontrast ist der stärkste unter den Farbkontrasten nach Johannes Itten und kann auf den Betrachter sowohl den Eindruck von Gegensätzlichkeit als auch von Einheitlichkeit oder Zusammengehörigkeit erzeugen.

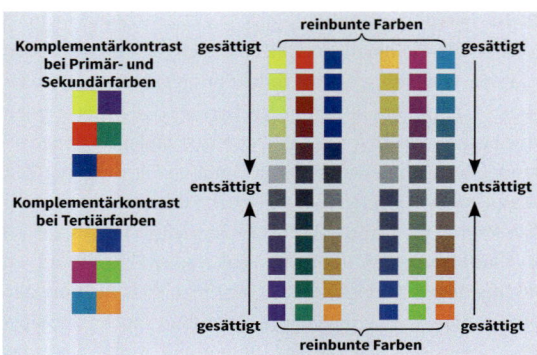

Komplementärfarben

Komposition *(composition)*

Das Arrangement aller Elemente der → **Mise-en-Scène** innerhalb des → **Kaders** (einschließlich der Gestaltung des → **Schauplatzes**, der → **Beleuchtung**, der Farben und der Charaktere), aber auch aller kameratechnischer Aspekte (z.B. → **Objektivtyp**, → **Einstellungsgrößen**, → **Kameraperspektive** und → **Kamerabewegung**), die in der jeweiligen Einstellung Verwendung finden.

Unabhängig davon, ob sich die Filmemacher an speziellen formalistischen oder akademischen Normen orientieren, wird jede Einstellung mit Blick auf ihre visuellen Aspekte geplant, sodass in jedem Fall immer auf die eine oder andere Weise von einer Komposition gesprochen werden kann. Bereiche, die bei der Analyse einer Komposition berücksichtigt werden sollten, sind:

- die Ausnutzung des Raums (→ **Tiefe**, → **Untiefe** und → **mehrdeutiger Raum**),
- → **Richtungstendenzen**,
- Gestaltung des Bildes mit → **Linien**,
- andere geometrischen Formen innerhalb des Bildausschnitts (wie → **Kreis**, → **Rechteck** und → **Dreieck**),
- → **Gleichgewicht** und → **Ungleichgewicht**.

Kontinuitätsprinzip/Kontinuitätsmontage *(continuity editing)*

Handlungsleitendes Prinzip der schnitttechnischen Nachbearbeitung des gefilmten Rohmaterials, bei dem darauf geachtet wird, dass die Handlung im fertigen Film für den Zuschauer einen kontinuierlichen und logisch nachvollziehbaren Verlauf nimmt. Da beim Dreh aufeinanderfolgende → **Szenen** üblicherweise nicht in der chronologischen Reihenfolge gefilmt werden, ist es Aufgabe der Kontinuitätsmontage, die Illusion von Kontinuität in den Bereichen Zeit, Raum, Handlungsfolge und Vollständigkeit nachträglich zu erzeugen. Schnitte sollen dabei möglichst unauffällig bleiben und den

Eindruck einer fortlaufenden Handlung vermitteln, sodass der Zuschauer niemals durch unerwartete → **Sprünge** oder räumliche und zeitliche Verschiebungen irritiert wird.

Um dies zu erreichen, gibt es im Kontinuitätsprinzip verschiedene → **Konventionen**:

- die → **180-Grad-Regel**,
- die → **30-Grad-Regel**,
- → **Einführungseinstellungen**,
- → **Bewegungsschnitt**,
- → **Schuss-Gegenschuss-Verfahren**,
- → **Blickachsenanschluss**.

Kontrast *(contrast)*

Meint auffällige Unterschiede, meist in Bezug auf visuelle Eigenschaften, die helfen, verschiedene Objekte oder Teile von Objekten voneinander zu unterscheiden. In Fotografie und Kunst bezeichnet der Begriff normalerweise das Verhältnis zwischen hellen und dunklen Bereichen eines Bildes (siehe auch → **Chiaroscuro**). Johannes Itten entwickelte ein System aus verschiedenen Farbkontrasten, in welchem die gegensätzlichen Eigenschaften und Wahrnehmungseffekte von Farben, die besonders bei ihrer Gegenüberstellung auffällig werden, eine besondere Rolle spielen (siehe → **Farbkreis**). Gegenteil von Uniformität.

Konvention *(convention)*

Eine Reihe allgemein beschlossener, explizit abgemachter oder gemeinhin akzeptierter Standards, Methoden, Praktiken oder Kriterien, oftmals in Form von Traditionen oder einer Art von Geboten oder Vorschriften (siehe Zitat unten). Im Film haben sowohl die Filmemacher als auch das Publikum bestimmte Techniken und Praktiken als natürlich oder besonders typisch für bestimmte Situationen akzeptiert. Beispielsweise wird in den meisten Filmen die → **subjektive Sicht** eines Charakters, der durch ein Fernglas blickt, dargestellt, indem das Bild mit zwei sich überlappenden Kreisen → **maskiert** wird. In der Wirklichkeit würde man beim Blick durch ein echtes Fernglas aber nur einen einfachen Kreis sehen. Eine weitere grundsätzliche Konvention beim Filme-machen ist das System der → **Montage** mit seinen vielen → **Schnitten** und → **Über-blendungen**. Dieses wird generell als logisch akzeptiert, obwohl es in der Tat der natürlichen menschlichen Wahrnehmung von Realität als einem kontinuierlich andau-ernden Ereignis grundsätzlich widerspricht. Ungeachtet dessen haben sich verschie-dene Konventionen der → **Kontinuitätsmontage** etabliert, die helfen sollen, einen Film trotz seiner vielen Unterbrechungen durch Schnitte und Überblendungen als ununterbrochen fortlaufende Handlung zu empfinden.

Das folgende Zitat von Gregg Toland, dem Kameramann von *Citizen Kane*, hebt die Bedeutung von Konventionen beim Filmemachen besonders hervor:

„Ich möchte nun den Unterschied zwischen einem ‚Gebot‘ und einer ‚Konvention‘ erläu-tern. Bezogen auf die Fotografie verstehe ich ein Gebot als eine Regel, einen Grundsatz oder ein Prinzip, als eine unanfechtbare Tatsache fotografischer Prozesse, die aus physi-kalischen und chemischen Gründen nicht zu ändern ist. Auf der anderen Seite ist eine Konvention für mich ein Brauch, der durch Wiederholung salonfähig wurde. Sie ist eher eine Tradition als eine Regel. Mit der Zeit wird durch die Macht der Gewohnheit aus der Konvention ein Gebot. Ich empfinde den einschränkenden Effekt dessen als ebenso offen-sichtlich wie bedauerlich."

Körpersprache *(body language)*

Körpersprache beinhaltet sowohl den mimischen Ausdruck als auch alle Körperhal-tungen und Gesten, die unbewusst zur nonverbalen Kommunikation von Emotionen beitragen. Dabei sind einige körpersprachliche Ausdrücke, wie beispielsweise be-stimmte Mimiken, kulturell universell, sie werden also von allen Menschen überall auf der Welt genutzt und verstanden. Demgegenüber unterscheiden sich manche Gesten von Kultur zu Kultur zum Teil sehr stark. Normalerweise sind davon die Bewegungen betroffen, die mit bestimmten gesellschaftlichen Verhaltensnormen in Verbindung stehen und mit diesen zusammen erlernt werden.

Beispiele:

Ausladende Gesten, die vom Körper weggerichtet sind, vermitteln normalerweise den Eindruck einer offenen oder herzlichen Haltung. Staksige, zurückhaltende Bewegun-gen, bei denen die Person ihre Extremitäten nah bei sich behält, wirken hingegen unsi-cher und gehemmt. Hochgezogene Schultern und ein gesenkter Kopf können ein Zei-chen von Angst oder Furcht sein, denn in einer Gefahrensituation werden die Schultern hochgezogen, um den Hals zu schützen. Außerdem kennzeichnet die angespannte Haltung die Fluchtbereitschaft des Körpers, da aus dieser Position im Notfall sofort losgelaufen werden kann. Wenn Menschen sehr entspannt sind, halten sie ihre Schultern tief, sodass die Arme in ihrer lockeren Bewegung nicht eingeschränkt sind. Auch die Augen können viel über den inneren Zustand einer Person aussagen. Menschen, die nach oben blicken, denken häufig nach: Ein Blick nach oben rechts wird oft mit unserer Fähigkeit für rationales Denken in Verbindung gebracht, während ein Blick nach oben links anzeigt, dass eine Person wahrscheinlich gerade eine kreative Idee entwickelt. Die Bereitschaft, einer Person direkt in die Augen zu blicken, zeugt von Dominanz und Macht. Eine Person, die ihren Blick senkt und den direkten Blickkontakt meidet, kommuniziert meist eher Unterlegenheit.

Kostüm *(costume)*

Ein Kostüm beinhaltet alle Kleidungsstücke und Accessoires, die ein Charakter während eines Films trägt. Kostüme sind die wichtigsten Gestaltungsmittel, um die Persönlichkeit und den Status einer Figur zu visualisieren. Das Spiel mit → **Stereotypen** oder symbolischen Accessoires gibt Kostümdesignern die Möglichkeit, Bezüge und Beziehungen der Charaktere zu ihrer Umgebung oder anderen Figuren herzustellen, beispielsweise indem Kontraste oder Gemeinsamkeiten durch Kostüme erzeugt oder durch sie besonders betont werden.

Kran/Kranfahrt *(crane, crane shot)*

Ein spezielles Gerät, fähig die Kamera weit anzuheben und durch die Luft zu bewegen. Ein Kamerakran ähnelt einem großen metallischen Arm und kann sowohl stationär als auch beweglich sein. In einer Kraneinstellung befindet sich die Kamera (oft zusammen mit dem → **Kamera-**

mann) über dem Boden und ist beweglich. Das erlaubt dynamische Änderungen der Kadrierung und das schnelle Enthüllen von sehr weiten Flächen und Räumen. Im Gegensatz zu einer Dollyfahrt (→ **Dolly**) ist der Kamerakran sowohl in horizontalen als auch in vertikalen Bewegungsabläufen fast vollkommen frei beweglich.

Kreis *(circle)*

Der Kreis ist eine geometrische Standardform, die für verschiedene kompositorische Zwecke innerhalb des → **Kaders** Verwendung findet. Kreise können entweder durch einzelne kreisförmige Gegenstände oder durch die Kombination verschiedener Objekte zu einem Kreis in der → **Mise-en-Scène** implementiert werden. Häufig bilden aber auch → **Schatten** oder bestimmte → **Beleuchtungseffekte** rechteckige Formen aus, oder sie werden sehr subtil erzeugt, indem sie sich aus dem negativen Raum und zwischen Personen, Gesichtern und Objekten ergeben. Manchmal kann dabei eine Art Spiraleffekt entstehen, der von den Zuschauern wie ein Sog empfunden wird. Eine andere kreisförmige Form ist die Ellipse, die einen abgeflachten Kreis repräsentiert.

Im Gegensatz zum → **Rechteck** wird der Kreis durch sein weiches und gleichmäßiges Erscheinungsbild eher mit einer natürlichen oder harmonischen Szenerie assoziiert. Eine auf Kreisformen basierende → **Komposition** wird daher oft den Eindruck tröstlicher Sicherheit oder auch harmonischer Geschlossenheit repräsentieren, während Spiralen einen strudelnden Effekt erzeugen, der auf Verwirrung oder Aufruhr hindeuten kann. Ein Kreis lenkt den Blick des Betrachters gewöhnlich auf seinen Mittelpunkt, dem häufig eine besondere Bedeutung beigemessen wird. Weitere Standardformen sind → **Linien**, → **Rechtecke** und → **Dreiecke**.

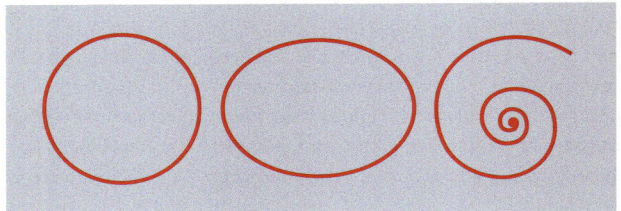

Kreisfahrt *(circle shot, arc shot)*

Eine Kamerabewegung, bei der das gefilmte Objekt von der Kamera umkreist wird, während es selbst in weitgehend ruhender Position verharrt. Durch diese Methode wird das gefilmte Objekt zum zentralen Motiv von Kamera und Publikum.

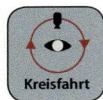

Kreuzschnitt *(cross-cutting)*

Beim Kreuzschnitt (oft auch: alternierende Montage) werden zwei oder mehr Handlungsstränge abwechselnd so gegeneinander geschnitten, dass ein Eindruck von Gleichzeitigkeit entsteht. Für gewöhnlich finden die verschiedenen Handlungen an unterschiedlichen Schauplätzen

statt. Die alternierende Montage erzeugt Spannung und erhöht das Erzähltempo, weil der Zuschauer im Normalfall erwartet, dass die Handlungen an einem gemeinsamen Ort zusammengeführt und dort aufgelöst werden. Eine ähnliche Technik ist die → **Parallelmontage**.

Kuleshow-Effekt

Eine → **Montagetechnik**, die auf ein Phänomen bzw. einen Effekt zurückgeht, das bzw. der vom russischen Filmemacher Lev Kuleshow 1918 beschrieben wurde. Kuleshow drehte eine lange → **Nahaufnahme** eines sitzenden Schauspielers mit neutralem Gesichtsausdruck. Dann drehte er verschiedene → **Zwischenschnitte** mit unterschiedlichem Inhalt, wie beispielsweise eine Schüssel Suppe, eine Frau in einem Sarg, ein

Kind mit einem Teddybär. Diese montierte er nun alternierend mit dem Gesicht des Schauspielers. Als der Film einem Publikum gezeigt wurde, waren diese „verblüfft über die Sensibilität in der Ausdrucksweise des Schauspielers". Kuleshow erkannte die Wichtigkeit des Filmschnitts bei der Steuerung der Interpretation des Zuschauers, vor allem um den emotionalen Einfluss einer Einstellung oder Szene zu lenken.

Kulisse *(set)*

1. Ein Drehort, der extra für einen Filmdreh geplant und gebaut wurde. Eine Kulisse kann sich entweder in einem Studio befinden oder an einem Originaldrehort, der die visuellen und räumlichen Vorausset-zungen für den Film erfüllt. Siehe auch → **Drehort**, → **Schauplatz**, → **Originaldrehort**, → **Limbo** und → **Dekoration**.

2. Im englischen Sprachraum findet der Begriff Set zudem Verwendung, wenn von dem Drehort als Arbeitsplatz gesprochen wird. In diesem Fall schließt der Begriff, neben der Kulisse, die gesamte technische Ausstattung und alle Mitarbeiter mit ein.

Kurzes Objektiv *(short lens)*

Siehe → **Weitwinkelobjektiv**.

Kurzfilm *(short film)*

Ein Film mit kurzer Laufzeit, normalerweise weniger als 60 Minuten lang. In Kinos wer-den Kurzfilme oft vor einem → **Spielfilm** bzw. vor dem Hauptfilm gezeigt.

Lange Einstellung *(long take)*

Eine lange → **Einstellung** ist eine Einstellung von besonders langer Dauer. Die auch im Deutschen gebräuchliche englische Bezeichnung Long Take darf nicht mit dem englischen Begriff Take (dt. → **„Aufnah-me"**) verwechselt werden.

Eine lange Einstellung ist per Definition ununterbrochen (siehe → **Einstellung**) und dauert länger als normalerweise üblich (bezogen auf das → **Tempo** des eigentlichen Films oder von Filmen im Allgemeinen). Die → **durchschnittliche Einstellungslänge (ASL/DSL)** eines klassischen Hollywood- Films beträgt 9 Sekunden und die meisten aktuellen Filme (vor allen Dingen die, die zum → **Genre** des Actionfilms gezählt werden können) tendieren zu einer schnelleren Schnittfolge und somit zu einer signifikant niedrigeren ASL. Jede Einstellung, die länger ist als 40 Sekunden, kann ohne Frage als lange Einstellung bezeichnet werden.

Lange Einstellungen können für dramatische und narrative Zwecke als Alternative zu einer Reihe von Einstellungen oder sogar einer ganzen → **Szene** verwendet werden, benötigen aber deutlich mehr Vorbereitung und Planung. Wenn eine komplette Szene mit einer einzigen langen Einstellung abgedeckt wird, bezeichnet man diese als → **Plansequenz**. Da die Länge einer Einstellung und die gefilmten Handlungen normalerweise annähernd zeitlich übereinstimmen, kann eine lange Einstellung → **realistischer** und → **dokumentarischer** wirken als eine Szene, die aus einer Reihe kürzerer Einstellungen geschnitten ist. Eine lange Einstellung im Zusammenhang mit komplexen → **Kamerabewegungen**, dem Gebrauch von → **hoher Tiefenschärfe** und → **Tiefe** ist Teil der charakteristischen Stile von vielen bekannten Regisseuren (z. B. Orson Welles, Paul Thomas Anderson, Robert Altman und Martin Scorsese).

Langes Objektiv *(long lens)*
Siehe → **Teleobjektiv**.

Langsamer Schnitt/langsame Montage *(slow cutting)*
Der langsame Schnitt ist eine besonders effektive Montagetechnik, um das → **Tempo** eines Films zu reduzieren. Er wird häufig eingesetzt, um besonders leise oder ruhige Momente zu betonen oder um Untätigkeit und Passivität zum Ausdruck zu bringen. In Szenen mit langsamer Schnitttechnik werden häufig Charaktere gezeigt, die zum entsprechenden Zeitpunkt besonders zurückgezogen oder in sich gekehrt sind. Die langsame Schnitttechnik lässt dem Zuschauer Zeit, den Inhalt der Handlung und die Umgebung sehr aufmerksam zu erkunden. Als Bausteine für langsame Schnitte dienen Einstellungen mit langer Laufzeit (insbesondere → **lange Einstellungen**). Die gegenteilige Schnitttechnik ist der → **schnelle Schnitt**.

Laufzeit *(running time)*
Die Gesamtlauflänge eines Films, normalerweise in Minuten angegeben. In den meisten Fällen unterscheidet sich die Erzählzeit von der → **erzählten Zeit** einer Geschichte.

Lesen, einen Film lesen *(reading, to read a film)*
In den Filmwissenschaften wird, vor allem im englischen Sprachraum, oft davon gesprochen, einen Film zu „lesen" wie ein Buch (z. B. in einer Phrase wie „How to read a film"). Gemeint ist dabei, einen Film auf ähnliche Weise wie eine geschriebene Geschichte zu interpretieren und zu analysieren. Die filmsprachlichen Mittel dienen dabei ganz ähnlichen Zwecken wie die Grammatik oder der Schreibstil eines Autors in einem Buch.

Letterbox-Format

Technische Methode, um die Breite eines Bildes im Breitwandformat (siehe → **Seiten-verhältnis/Bildformat**) an einen weniger breiten Bildschirm anzupassen, indem dieses auf die Breite des Bildschirms zusammengeschrumpft wird. Das ursprüngliche Breitwandformat bleibt erhalten, während gleichzeitig jedoch die Abspielgröße insgesamt reduziert wird und charakteristische schwarze Balken am oberen und unteren Bildrand entstehen. Der Name Letterbox bezieht sich auf die Form der Öffnungen von Briefkästen. Eine alternative Methode ist das → **Pan-and-Scan-Verfahren**.

Lichtqualität *(light quality)*

Meint die relative Intensität von Licht und wird normalerweise gebraucht bei der Unterscheidung von hartem und weichem Licht. Hartes Licht produziert starke Kanten zwischen beleuchteten und schattigen Bereichen, während weiches Licht eine weite Streuung aufweist und einen kontinuierlichen (weichen) Übergang von den dunkelsten Schatten über einen Halbschatten hin zu den hellen Bereichen produziert. Für weiterführende Informationen siehe die Einträge zu → **Hartes Licht** und → **Weiches Licht**.

Lichtvektor *(light vector)*

Ein markanter Lichtstrahl, der das Auge von einem Punkt des Bildes zu einem anderen lenkt. Lichtvektoren sind vor allen Dingen grafische Vektoren, können aber auch Bewegungs- oder Indexvektoren sein. Siehe → **Vektoren**.

Limbo

Eine Art → **Schauplatz**, der aus einem abstrakten oder leeren Hintergrund besteht. Eine Limbo- Kulisse lenkt natürlicherweise die Aufmerksamkeit auf die Figur, die sich in ihr bewegt, da ihre Umgebung wenige oder keine ablenkenden visuellen Merkmale bietet. Wird auch als Limbo-Hintergrund bezeichnet.

Limbo

Linie *(line)*

Linien sind elementare Objekte der visuellen Gestaltung, vor allem auch deshalb, weil andere grundlegende geometrische Elemente wie → **Dreiecke** oder → **Rechtecke** aus verbundenen Linien bestehen.

Linien können innerhalb des Bildrahmens auf verschiedene Weisen entstehen: zunächst natürlich durch Objekte oder Personen im Bild, die aufgrund ihrer Gestalt oder Anordnung Linien im Bild erzeugen. Darüber hinaus können zum Beispiel Lichteffekte bzw. Schatten oder auch starke Kontraste zwischen verschiedenfarbigen Bereichen auffällige Linien hervorbringen.

In den meisten Fällen wirken Linien als → **grafische Vektoren**, die manchmal sogar eine bestimmte → **Richtungstendenz** im Bild hervorbringen. Wenn Linien den kompletten Bildraum horizontal oder vertikal durchlaufen, zerteilen sie dabei das Bild in mehrere Bereiche, die dann oft über unterschiedliche dramatische Eigenschaften verfügen. → **Kompositionen**, deren zentrale Gestaltungsmittel vertikale und horizontale Linien sind, strahlen eine besondere Ruhe aus. Vertikale Linien erzeugen in diesem Fall oft den Eindruck von Stärke und Macht, wohingegen horizontale Linien eher eine friedvolle, gelassene Atmosphäre vermitteln (diesbezüglich ist im Besonderen die → **Horizontlinie** in einem Bild eine der ausdrucksstärksten horizontalen Linien). Im Gegensatz dazu wirken Kompositionen, die besonders auf diagonalen und schrägen Linien basieren, sehr dynamisch und erzeugen für gewöhnlich einen Eindruck von Spannung, Unsicherheit oder sogar Angst (siehe → **Gekippter Winkel**).

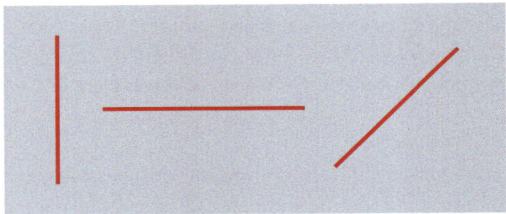

Loose Shot („freie Einstellung")
Siehe → **Freie Kadrage**.

Low-Budget-Film (Film mit niedrigen Herstellungskosten)
Filme, die unabhängig von der kommerziellen Filmindustrie produziert werden und die von nur wenigen unabhängigen Produzenten oder privaten Personen finanziert werden, haben oft vor allen Dingen im Bereich des Produktionsbudgets wenig Spielraum. Aus diesem Grund verzichten solche Filme auf namhafte und teure Regisseure, Autoren und Schauspieler und werden zumeist an günstigen Originaldrehorten oder in unabhängigen Studios gedreht. Weitere Herausforderungen, denen sich solche Filmproduktionen stellen müssen, beinhalten limitierte Möglichkeiten aufseiten der technischen Ausstattung, der → **Kostüme** und → **Dekoration**. Daher müssen Filmemacher besonders innovativ sein, um ihr kreatives Konzept realisieren zu können. Zudem beeinflusst ein niedriges Budget die Organisation des Produktionsprozesses erheblich, da jeder Drehtag hohe Kosten verursacht (beispielsweise bei → **Drehort** oder → **Kulisse**, der technischen Ausstattung, dem Stab im Allgemeinen und den Schauspielern im Besonderen). Die ersten Filme von jungen Regisseuren und die meisten → **Unabhängigen Filme** sind Low-Budget-Filme.

Low-Key-Stil *(low-key lighting)*

Einer der grundlegenden Stile bei der Beleuchtung von Filmen, charakterisiert durch starken → **Kontrast** zwischen beleuchteten und schattigen Bereichen. Beim Low-Key-Stil werden Kontraste dieser Art mit einem starkem → **Führungslicht** erreicht, das zudem eine → **harte Lichtqualität** besitzt. Weiterhin wird kein oder nur wenig → **Fülllicht** benutzt, um einen dramatischen und mysteriösen Effekt zu erzielen. Der Low-Key-Stil wird oft mit dem Genre des Film Noir assoziiert. Für weitere Informationen siehe die Einträge zu → **High-Key-Stil**, → **Chiaroscuro** und → **Film Noir**.

LS

Siehe → **Totale** und → **Einstellungsgröße**.

Luftbild *(aerial shot)*

Ein Luftbild ist jede Aufnahme, die von einem fliegenden Objekt aus aufgenommen wurde. Möglich sind hierbei beispielsweise Aufnahmen aus Flugzeugen, Hubschraubern oder von einem Drachen herab. Manche Kameras sind so klein und leicht, dass sie auch von Modellflugzeugen oder einer Drohne getragen werden können. Wie gut sich die Kameras bewegen lassen, ist stark von der Größe des jeweiligen Flugobjekts abhängig, auf dem sie befestigt wurden. Für gewöhnlich handelt es sich bei Luftbildern um dynamische Aufnahmen. Nur in wenigen Fällen sind Luftbildaufnahmen in Filmen statisch, etwa wenn sie aus einem in der Luft stehenden Hubschrauber aus gefilmt wurden. Oft werden Luftbilder mit einer → **weiten Einstellung** kombiniert, sodass ein Panoramablick auf die gesamte Szenerie entsteht.

Maskieren *(masking)*

Eine Technik, die benutzt wird, um Teile eines Bildes zu verdecken. Maskieren kann auf der Ebene der Kinematografie passieren (z. B. durch Verdecken der Linse) oder mithilfe von Elementen der → **Mise-en-Scène** (z. B. durch Objekte oder Personen, die den Hintergrund verdecken). Maskierungen werden oft benutzt, um eine → **subjektive Einstellung** zu suggerieren, die den Blick durch verschiedene optische Geräte darstellen soll (z. B. Fernglas oder Teleskop).

Master Shot

Eine ununterbrochene Einstellung, die die ganze → **Szene** zeigt, normalerweise mit einem → **Weitwinkelobjektiv** aus einer → **Totalen** oder → **Halbtotalen**. Der Master Shot liefert wichtiges Material für den Prozess des → **Schnitts**. Manchmal wird auch der komplette Master Shot in der → **Endfassung** benutzt.

Matte Shot

Eine → **Einstellung** mit einem bestimmten Spezialeffekt, bei dem zwei oder mehr Bildelemente zu einem einzigen Bild zusammengefügt wurden. Um den Effekt zu erzeugen, werden die Bilder übereinandergelegt, wobei in einem Bild ein bestimmter Bereich → **maskiert**, also abgedeckt ist, und dann zusammen → **doppelbelichtet**. Typischerweise wird ein Matte Shot benutzt, um einen Vordergrund (z. B. Schauspieler in einer Kulisse) mit einem Hintergrund (eine malerische Landschaft beispielsweise) zu kombinieren. In diesem Fall ist die malerische Landschaft das „Matte“. Das Integrieren von Matte Shots ist eine übliche Technik beim Filmemachen im Studio, entweder aus ökonomischen Gründen (es ist offensichtlich günstiger ein Bild des Eiffelturms zu machen und es als Hintergrund zu benutzen, als nach Paris zu fahren und die gesamte Szene direkt dort zu drehen) oder weil es unmöglich oder zu gefährlich wäre, an einem → **Originaldrehort** zu drehen. In aktuelleren Filmen werden ähnliche Effekte mithilfe von computergenerierten Bildern (→ **CGI**) produziert, was dann als Digital Matte bezeichnet wird.

MCU

Siehe → **Nah** und → **Einstellungsgröße**.

Mehrdeutiger Raum *(ambiguous space)*

Eine spezielle Form, den sichtbaren Bereich innerhalb eines → **Bildes** darzustellen. Normalerweise fällt es dem Zuschauer leicht, den räumlichen Bildinhalt zu erfassen. Trotzdem kommt es manchmal vor, dass die → **Mise-en-Scène** in einer → **Einstellung** nicht die Informationen liefert, die man braucht, um die räumlichen Beziehungen zwischen den sichtbaren Objekten korrekt zu interpretieren. Dann fällt es schwer, Größenverhältnisse zu erfassen oder den Ort der Handlung zu identifizieren. Der mehrdeutige Raum wird in der Regel genutzt, um das Publikum für einen kurzen Moment in den Zustand der Desorientierung zu versetzen.

Es gibt viele verschiedene Möglichkeiten, diesen Effekt zu erzielen, wie beispielsweise den Verzicht auf eine vom Publikum erwartete Bewegung, ungewöhnliche → **Kameraperspektiven**, besondere Formen der → **Beleuchtung**, das Spiel mit Spiegeln oder das Ausfüllen des gesamten Einzelbildes oder des Hintergrundes mit unspezifischen

Objekten. Für gewöhnlich werden derlei Effekte vor allem genutzt, um eine besonders dramatische Wirkung zu erzielen.

Meisner-Technik *(Meisner technique)*

Eine Schauspieltechnik, die mehr oder weniger das Gegenteil des → **Method Acting** ist. Ausgehend von der Überzeugung, dass die meisten → **Schauspieler** ihre Rolle in einer überaus intellektuellen Art angehen, die auf Kosten der Spontanität geht und daher der Glaubhaftigkeit schaden kann, schlägt die Meisner-Technik vor, die Schauspieler sollten den emotionalen Kontext einer zu spielenden Situation verstehen, um dahingehend mit entsprechenden Handlungsabläufen zu *reagieren*. Schauspieler sollen sich daher auf den Moment konzentrieren, um auf Impulse der Umgebung und, vor allen Dingen, ihrer Mitspieler spontan reagieren zu können. Für weitere Informationen siehe → **Klassische Schauspielausbildung**.

Method Acting

Eine Schauspieltechnik, die ihren Ursprung in den 1950er-Jahren hat, als Elia Kazan und Lee Strasberg begannen, Ansätze zu entwickeln und zu verfeinern, die sie an die Theorien des russischen Schauspielers und Regisseurs Konstantin Stanislawski anlehnten. → **Schauspieler**, die diesem Ansatz folgen, versuchen die Charaktereigenschaften, die für eine Rolle gebraucht werden, in sich selbst zu finden. Insofern ist diese Technik verwandt mit der Psychoanalyse und nutzt persönliche Erlebnisse und Erfahrungen der Schauspieler, um ihnen die Möglichkeit zu geben, starke Gefühle spontan und wiederholbar auszulösen.

Mindscreen

Eine subjektive → **Einstellung** oder → **Szene**, die darauf abzielt, dem Zuschauer zu zeigen, was eine Figur denkt oder wovon sie träumt. Zu diesem Zweck wird die letzte Variante oft auch als *Traumsequenz* oder *Traumszene* bezeichnet. Der Vorteil eines Mindscreens ist der, dass er es dem Zuschauer erlaubt, die „innere Sicht" des Protagonisten einzunehmen, die zu dem Zeitpunkt offensichtlich nicht seiner *optischen* → **Perspektive (→ Subjektive Sicht)** entspricht.

Normalerweise ist ein Mindscreen durch klare stilistische Elemente gekennzeichnet, wie beispielsweise → **Blenden**, → **Ab- und Aufblenden**, → **Doppelbelichtungen**, Benutzung verschiedener → **Farbschemata** oder von Schwarz-Weiß-Einschüben, ungewöhnlichem Musikeinsatz oder → **Soundeffekten**.

Mise-en-Scène

Der Begriff umfasst alles, was innerhalb eines → **Bildes** zu sehen ist. Die Schlüsselaspekte der Mise-en-Scène sind die Darstellung von Räumlichkeit innerhalb des Bildes, die generelle → **Komposition**, alle Aspekte der Farbgestaltung, die → **Beleuchtung**, die → **Kulisse** und der → **Originaldrehort**, → **Dekoration** und → **Requisite**, → **Kostüme** sowie die Positionierung und Bewegung der → **Schauspieler**. Mise-en-Scène ist Französisch für „in Szene setzen" und kommt ursprünglich aus der Welt des Theaters, wo der Begriff das Arrangieren und Anordnen aller sichtbaren Elemente auf der Bühne meint. Beim Film beschreibt Mise-en-Scène die Art und Weise, wie das visuelle Material vor der Kamera inszeniert, positioniert, kadriert und letztlich im Film abgebildet werden soll. Während es beim Schnitt bzw. der → **Montage** vor allem darum geht, die zeitlichen Abläufe zu strukturieren, liegt der Schwerpunkt der Mise-en-Scène vor allem bei der Strukturierung von Räumlichkeit. Vor diesem Hintergrund ist die Mise-en-Scène in besonderem Maß für Filme mit vielen → **langen Einstellungen** wichtig, bei denen die Montage eher im Hintergrund steht.

Bestimmte → **kinematografische** Aspekte wie die Wahl der → **Objektive**, → **Kamerabewegung**, → **Kameraperspektiven** und → **Einstellungsgrößen** werden nicht der Mise-en-Scène zugerechnet. Diese Unterscheidung zwischen Kameraarbeit und Mise-en-Scène ist dabei zunächst eine technische, die auf eine Differenzierung der verschiedenen Aufgaben am Set zurückgeht. In der Filmanalyse und Filmbeschreibung hat sie sich aber als ebenso hilfreich bewährt. Unabhängig davon hängt die Kameraarbeit eng mit der Darstellung der Mise-en-Scène zusammen und umgekehrt. Deshalb sollte man diese Art der Zweiteilung für die eigene Filmanalyse nicht als unverrückbare Prämisse ansehen, sondern berücksichtigen, dass diese Auslegung durchaus streitbar ist.

In den 1950er-Jahren begann eine Gruppe französischer Filmkritiker des Magazins *Cahiers du cinéma*, den Begriff Mise-en-Scène auf eine neue Weise zu verwenden. Sie nutzten den Begriff besonders, um einen besonderen Filmstil zu beschreiben, den sie mit bestimmten Regisseuren in Zusammenhang brachten (als ein bestimmtes Alleinstellungsmerkmal). Diese zweite Auslegung des Begriffs ist eng mit der → **Autorentheorie** verknüpft, die den Regisseur als Urheber des Filmkunstwerkes ins Zentrum stellt. Im Regelfall und für die Filmanalyse im Besonderen ist mit Mise-en-Scène aber die weiter oben beschriebene Variante gemeint.

Lange Einstellung

Zweier-Einstellung

Dreier-Einstellung

Über-die-Schulter

Einführungs-einstellung

Kulisse

Original-drehort

Realistischer Schauplatz

Unrealistischer Schauplatz

Limbo

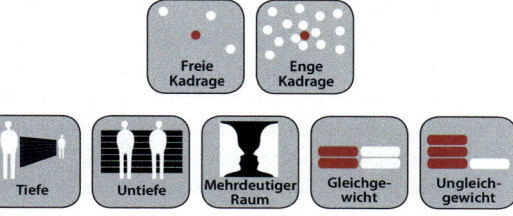

MLS

Siehe → **Halbtotale** und → **Einstellungsgröße**.

Monochrom *(monochromacy)*

Ein → **Farbschema**, das nur Nuancen einer einzigen
Farbe benutzt. In vielen Filmen werden Farbfilter
benutzt, um ein rein monochromatisches Aussehen
zu erreichen. Nichtsdestotrotz ist es normalerweise
so, dass ein paar → **analoge Farben** und ihre ver-

schiedenen → **Schattierungen** und → **Tönungen** ebenfalls im Bild zu finden sind. Es ist
auch möglich, ein monochromatisches Farbschema mit gut geplanter → **Dekoration**
zu erreichen.

Montage (franz. „zusammenfügen")

Im Allgemeinen sind drei Definitionen mit dem Begriff Montage assoziiert:

1. Eine Aneinanderreihung kurzer Einstellungen, die meist dazu dient,
   eine Handlung, die sich über einen längeren Zeitraum erstreckt, ge-
   rafft darzustellen, oder um viele Ereignisse in kurzer Zeit abzubilden.
   Für die Übergänge zwischen den Einstellungen machen Montagesequenzen dieser
   Art häufig Gebrauch von → **weichen Blenden** oder → **Doppelbelichtungen**.

2. Eine Theorie des Filmschnitts und ein damit verbundener → **Stil**, der von sowjeti-
   schen Filmemachern (insbesondere Sergei Eisenstein) in den 1920er-Jahren entwickelt wurde. Neben anderen Dingen besagt diese Theorie, dass „faktisch […] jedes
   folgende Element nicht nebeneinander sondern aufeinandergereiht wird […]", und
   meint so die Idee, dass Bedeutung angehäuft wird, kumuliert, und nicht einfach
   Bilder aneinandergereiht werden. Das bedenkend, verbindet diese Art von Schnitt
   Einstellungen, um eine symbolische Bedeutung zu kreieren und Dramatik aufzu-
   bauen. Im Gegensatz zum Montagestil des klassischen Hollywood-Kinos, dem
   → **Kontinuitätsprinzip**, ist die sowjetische Montage nicht vornehmlich interessiert
   an einer nachvollziehbaren räumlichen und temporären Kontinuität.

3. Im europäischen Kino wird der Begriff der Montage meist sehr viel weiter gefasst und meint ganz einfach die Kunst des → **Schnitts**.

Motiv *(motif)*

Jedes Element eines Films, das durch systematische Wiederholung symbolische Bedeutung erhält. Filmemacher können aus fast jedem filmischen Element ein Motiv kreieren: Gesten, → **Kostüme**, → **Drehorte**, → **Dekoration**, → **Requisiten**, Musik, → **Soundeffekte**, Farben, Lichtarrangement und → **Komposition**. Auch Aspekte der Kameraführung, z. B. → **Einstellungsgrößen**, → **Kamerawinkel** und → **Fokus**, können zu Motiven ausgearbeitet werden oder den Charakter eines Motivs erhalten (z. B. wenn eine Person konstant in einer → **Untersicht** gezeigt wird).

Movie

Ein Wort aus dem US-amerikanischen Englisch, das in Beziehung steht zu dem Begriff des Motion Picture. Ein Movie (Film, Motion Picture) ist eine Geschichte, die mithilfe von bewegten Bildern erzählt wird.

MS

Siehe → **Halbnah** und → **Einstellungsgröße**.

Nachträgliche subjektive Sicht *(subsequent point-of-view)*

Eine spezielle Form der → **subjektiven Sicht**, bei der der Zuschauer etwas oder jemanden im Bild sieht, ohne zu wissen, dass es sich dabei um die subjektive Sicht eines Charakters handelt. Erst die anschließende Einstellung deckt dann auf, dass es sich bei der vorangegangenen Einstellung um eine subjektive Sicht handelte, indem sie den Charakter zeigt, aus dessen Sicht sie aufgenommen wurde. In gewisser Weise handelt es sich bei der nachträglichen subjektiven Sicht also um eine Art umgekehrte → **Blickeinstellung**. Eine nachträgliche subjektive Sicht erzeugt oft einen Überraschungseffekt.

Nah *(medium close-up, MCU)*

Eine Einstellung, bei der weniger als die Hälfte einer Person den größten Teil des Bildes ausfüllt und relativ groß erscheint. Menschen werden normalerweise von der Schulter aufwärts bis zum Kopf gezeigt, was dem Blick gleichkommt, den jemand hätte, der der Person vis-à-vis

Nah

gegenübersteht, und dem Brustbild bei einem Porträtgemälde oder einer Fotografie. Für weitere Informationen siehe → **Einstellungsgrößen**.

Negativ *(negative)*

1. Das belichtete Filmmaterial. Ein Negativ bildet das Motiv seitenverkehrt ab und stellt alle Farben und Grauwerte umgekehrt dar, d.h., Farben erscheinen in ihrer Komplementärfarbe, helle Bereiche werden dunkel, dunkle Bereiche hell abgebildet.
2. Eine Art → **Spezialeffekt**, bei dem ganze Einstellungen oder Szenen in ihrer Negativform abgebildet werden (meist in → **Experimentalfilmen**).

Negativer Raum *(negative space)*

Ein einzelner oder mehrere Bereiche innerhalb des → **Bildes** (Kaders), der/die unausgefüllt bleibt/bleiben bzw. in dem/in denen Objekte oder Gegenstände als fehlend empfunden werden. Indem manche Bildbereiche frei gelassen werden, treten andere Bildbereiche besonders hervor. Insofern hat auch negativer Raum eine wichtige Bedeutung für die → **Komposition**. Das Gegenteil vom negativen Raum ist der → **positive Raum**.

Nicht-diegetisch *(non-diegetic)*

Nicht zu der fiktiven Welt des Films gehörend (Gegenteil von → **diegetisch**). Als nicht-diegetisch gelten zum Beispiel die Handlung untermalende Filmmusik (sofern sie nicht einer klar lokalisierbaren Quelle innerhalb der Diegese entstammt), Erzählerstimmen oder atmosphärische Geräuscheffekte.

 Diegetisch  Nicht-diegetisch

Nicht-fiktionaler Film *(nonfiction)*

Siehe → **Dokumentarfilm**.

Nichtlinearer Schnitt/nichtlineare Montage *(nonlinear editing)*

Die digitale → **Montage** mit einem computerbasierten Schnittprogramm.

Normalobjektiv *(normal lens)*

Bei Kameras, in denen 35-mm-Filmmaterial (oder ein dementsprechender digitaler Sensor) genutzt wird, gilt eine → **Brennweite** von 35 mm und 50 mm als „normal". Wie der Name andeutet, ist dieser Objektivtyp bei Kameramännern die erste Wahl, weil er unter allen Objektiven die

 Normalobjektiv

wenigsten Verzerrungen produziert. Das Normalobjektiv entspricht unter allen Objektiven am ehesten den menschlichen Sehgewohnheiten, vor allem deshalb, weil die

Abbildung von Tiefenverhältnissen und Entfernungen der des menschlichen Auges sehr nahekommt.

Objektive mit längerer Brennweite werden → **Teleobjektive** genannt, Objektive mit kürzerer Brennweite heißen → **Weitwinkelobjektive**. Beide Objektivtypen weisen ganz spezifische Eigenschaften auf, die sie deutlich vom Normalobjektiv abgrenzen. Dazu gehören die Abbildung von Tiefenverhältnissen und Entfernungen, Perspektivverzerrungen, ihre abweichenden → **Schärfentiefenbereiche** und Bildwinkel.

Nouvelle Vague (franz. „Neue Welle")

Eine → **Filmbewegung** der späten 1950er- und 1960er-Jahre, die überwiegend unter jungen französischen Filmkritikern entstand. Diese wechselten zum Filmemachen als Reaktion auf die traditionelle französische Filmindustrie, die in ihren Augen nicht spontan und experimentierfreudig genug war. Einige der prominentesten Pioniere der Gruppierung, zu denen unter anderem François Truffaut, Jean-Luc Godard, Claude Chabrol und Jacques Rivette gehörten, begannen als Kritiker der berühmten Filmzeitschrift *Cahiers du cinéma*. André Bazin, der Mitbegründer des Magazins und ebenfalls Filmtheoretiker, war eine wichtige Stimme und Inspiration der Bewegung und hatte entscheidenden Einfluss auf seine Mitglieder.

Oberbeleuchter *(gaffer)*

Der Oberbeleuchter ist der hauptverantwortliche Beleuchter und (Licht-)Techniker am Set und zuständig für die Umsetzung des → **Lichtkonzepts** und Lichtarrangements nach den Vorstellungen des → **Kameramanns**. Sehr erfahrene Oberbeleuchter sind oft selbst verantwortlich für das Lichtdesign einer Produktion.

Objektive Kamera *(objective camera)*

Eine Art der Kameraführung, in der die Kamera nach Möglichkeit keine Aufmerksamkeit auf sich selbst lenkt, sondern stattdessen das Geschehen möglichst objektiv abbildet. Um die Wahrnehmung des Zuschauers nicht künstlich zu beeinflussen, verharrt eine objektive Kamera oft un-

Objektive Kamera

bewegt an Ort und Stelle (siehe → **statische Einstellung**) und zeigt die Charaktere bzw. die Handlung aus einer gewissen Entfernung. Eine subjektive Teilhabe bzw. Identifikation des Zuschauers mit dem Geschehen wird durch eine objektive Kameraführung also weitestgehend unterbunden.

Die objektive Kamera im Film entspricht ungefähr dem Erzählen in der dritten Person in der Literatur. Das Gegenteil der objektiven Kamera ist die → **subjektive Kamera**.

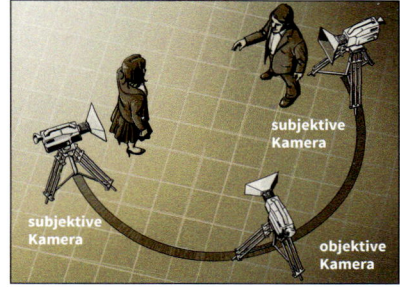

Vereinfachte Darstellung von subjektiver und objektiver Kamera

Objektive, Objektivarten *(lens type)*

Filme werden grundsätzlich mit drei Varianten von Objektiven gefilmt: dem → **Normalobjektiv**, dem → **Weitwinkelobjektiv** und dem → **Teleobjektiv**. Dabei hat jeder Objektivtyp seine eigenen Charakteristika und produziert unterschiedliche Bilder. Die drei Objektivarten werden üblicherweise über ihre → **Brennweite** klassifiziert, die die Distanz zwischen der Linse und der Ebene des Films bzw. des elektronischen Sensors beschreibt.

Offscreen ("außerhalb des Bildrahmens")

Der Raum, der zwar in der → **Diegese** eines Films existiert, in einem bestimmten Moment aber nicht im Bild sichtbar ist. Der Offscreen-Raum erhält immer dann Bedeutung, wenn die Aufmerksamkeit des Zuschauers auf ihn gelenkt wird, zum Beispiel wenn ein Charakter auf etwas blickt, das sich außerhalb des Bildrahmens befindet, wenn Licht oder Schatten von außerhalb in den sichtbaren Raum fallen oder ein bestimmtes → **Geräusch** von außerhalb zu hören ist. Häufig wird der Offscreen-Raum durch → **Kamerabewegung** erst nachträglich gezeigt. Effekte aus dem Off werden oft in Horrorfilmen oder Thrillern genutzt, um → **Spannung (Suspense)** zu erzeugen.

Offscreen-Ton *(offscreen sound)*

Jede Musik und alle Geräusche, deren Quelle sich momentan außerhalb des → **Bildes** (Kaders) befindet, aber trotzdem Teil der → **Diegese** ist, zum Beispiel eine

Person, die aus dem Off schreit und in der nächsten Einstellung → **onscreen** gezeigt wird, oder das Geräusch einer Explosion, die zu dem Zeitpunkt (noch) nicht im Bild zu sehen ist.

Onscreen (dt. „auf dem Bildschirm")

Der Raum, der in einem bestimmten Moment im Bild zu sehen ist. Der Raum, der im selben Moment nicht im Bild zu sehen ist, obwohl er in der → **Diegese** des Films existiert, wird → **Offscreen**-Raum genannt.

Onscreen-Ton *(onscreen sound)*

Jede Musik und alle Geräusche, deren Quelle innerhalb des momentanen → **Bildes** (Kaders) zu sehen sind, zum Beispiel zwei Personen, die in einer → **Zweiereinstellung** gezeigt werden, wie sie sich unterhalten, oder das Ticken einer Uhr, die in einer → **Nahaufnahme** gezeigt wird (siehe → **Onscreen**).

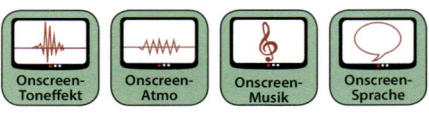

Optischer Drucker, auch: Optische Bank *(optical printer)*

Ein analoges Gerät, mit dessen Hilfe optische → **Spezialeffekte** erzeugt werden. Ein optischer Drucker besteht aus einem oder mehreren Filmprojektoren, die mechanisch mit der Kamera verbunden sind, sodass ein oder mehrere Filmstreifen abfotografiert und kopiert werden können (z. B. für das Einkopieren von Filmtiteln).

Optischer Effekt *(optical effect)*

Ein Spezialeffekt, der im Gegensatz zu digital mit dem Computer produzierten Effekten mit optischen Hilfsmitteln, z. B. mit einem → **optischen Drucker (auch: optische Bank)**, erzeugt wird. Beispiele für optische Effekte sind → **Abblenden** und → **Aufblenden**, → **weiche Blenden**, → **Zeitlupe**, → **Zeitraffer**, → **Matte Shots** und → **Standbilder**. Allerdings werden viele dieser ursprünglich optischen Effekte heute auch → **digital** am Computer erzeugt.

Originaldrehort *(location)*

Ein real existierender Ort, an dem die Dreharbeiten stattfinden. Für gewöhnlich wird ein Originaldrehort für den Dreh mit → **Requisiten** und → **Dekoration** ausgestattet oder baulich verändert, um ihn dem gewünschten Erscheinungsbild des Schauplatzes anzupassen.

Weiterführende Informationen finden sich unter → **Schauplatz** und → **Kulisse**.

Pan-and-Scan-Verfahren
(„Schwenk-und-Absuch-Verfahren", *pan and scan*)

Eine technische Methode, mit der ein Film mit breitem → **Bildformat** auf einem weniger breiten Bildschirm angezeigt werden kann. Dazu wird die Höhe des Ursprungsfilms im → **Breitwandformat** auf die Höhe des Abspielbildschirms gebracht. Die Bereiche, die nicht mehr auf den neuen Bildschirm passen, werden abgeschnitten.

Der Vorteil dieser Art der Umwandlung ist, dass oberhalb und unterhalb des Bildes keine schwarzen Balken erscheinen, der offensichtliche Nachteil besteht darin, dass sowohl das ursprüngliche Bildformat als auch wichtige Teile des Bildes verloren gehen.

Eine alternative Methode zum Pan-and-Scan-Verfahren bietet das sogenannte → **Letterbox-Format**.

Parallelmontage *(parallel editing)*

Eine Montagetechnik, bei der zwischen mindestens zwei Handlungen, die jeweils an unterschiedlichen Orten und zu verschiedenen Zeiten stattfinden, hin- und hergeschnitten wird. Normalerweise dient eine Parallelmontage dazu, Gemeinsamkeiten oder Unterschiede zwischen den abwechselnd gezeigten Einstellungen hervorzuheben, vor allem dann, wenn der zeitliche Bezug zwischen den verschiedenen Handlungen für die Vermittlung der Bedeutung des Gezeigten keine besondere Rolle spielt. Um eine ganz ähnliche Technik handelt es sich beim → **Kreuzschnitt**.

Peitschenschwenk *(whip pan)*

Siehe → **Reißschwenk**.

Perspektive *(perspective)*

Im Bereich verschiedener bildender Kunstformen wie Film, Fotografie und Malerei, aber auch in Bezug auf das menschliche Sehen, beschreibt der Begriff Perspektive die Art und Weise, wie verschiedene Objekte visuell wahrgenommen werden. Die Perspektive ist abhängig von den jeweiligen räumlichen Eigenschaften der Objekte (z. B. ihrer relativen Größe und ihrem Abstand zueinander) und ihrer Entfernung zum Betrachter.

Plansequenz/Einstellungssequenz
(frz. plan séquence; sequence shot)

Eine einzige lange, durchgehend choreografierte → **Einstellung**, die oft eine komplette Szene umfasst. Zwei Hauptmerkmale von Plansequenzen sind die oft besonders anspruchsvollen → **Kamerabewegungen** und eine sehr komplexe Inszenierung. Bei Plansequenzen handelt es sich schon per Definition um → **lange Einstellungen**.

Posauneneffekt *(trombone effect)*

Siehe → **Dolly-Zoom**.

Positiver Raum *(positive space)*

Mit Objekten und/oder Personen ausgefüllte Teile des Bildes oder ein ausgefüllter Bereich innerhalb des Bildes. Für gewöhnlich handelt es sich bei den Objekten und Personen, die den positiven Raum formen, um die wichtigsten Elemente der → **Bildkomposition**.

Indem andere Bereiche des Bildes frei gelassen werden, kann die Bedeutung der Bildelemente im positiven Raum erhöht werden. Diese leeren Teilbereiche bilden den → **negativen Raum** eines Bildes.

Postproduktion *(postproduction)*

Alle Arbeiten, die nach dem Dreh eines Films bei der Produktion noch anfallen. Dazu gehören vor allem der Prozess des → **Schnitts**, aber auch die Bearbeitung der → **Tonspur** und des Vor- und Abspanns.

POV-Shot

Siehe → **subjektive Sicht/subjektive Einstellung**.

Prequel

Ein Film, der einen zuvor produzierten Film ergänzt, und zwar um eine der Ursprungsgeschichte zeitlich vorangestellte Handlung. Ein Prequel gibt normalerweise einen Einblick in die Vor- bzw. Hintergrundgeschichte des Vorgängerfilms. Neben dem

Prequel gibt es noch das → **Sequel** (dt. „Fortsetzung"), einen Film, der eine der Ursprungsgeschichte zeitlich nachgelagerte Handlung erzählt.

Pressefoto *(publicity still)*

Ein gestelltes Foto, das in den → **Kulissen** eines Films während der → **Produktion** aufgenommen wurde und das vor allem für PR- und Werbezwecke genutzt wird. Der Begriff wird synonym zum Begriff *Produktionsfoto* verwendet. Pressefotos unterscheiden sich von Standfotos oder → **Standbildern**, bei denen es sich um Reproduktionen von tatsächlichen → **Bildern** aus einem Film handelt (auch wenn diese oft vergrößert werden).

Pressefoto:

Titel: Lost in Translation (Lost in Translation, USA/JP 2003, Regie: Sofia Coppola); Bill Murray, Scarlett Johansson

dazugehöriges → **Standbild**:

Produktion *(production)*

Die zweite Stufe bei der Filmproduktion in Form des tatsächlichen Drehs. Der Produktion geht die → **Vorproduktion** voran. Nach dem Dreh folgt dann die → **Postproduktion**.

Produktionsfoto *(production still)*

Siehe → **Pressefoto**.

Produzent *(producer)*

Eine Person, die ein → **Drehbuch** auswählt und die Filmproduktion in die Wege leitet. Der Produzent ist in erster Linie verantwortlich für die finanziellen und organisatorischen Rahmenbedingungen der Filmproduktion. Er behält für gewöhnlich den Überblick über den gesamten Produktionsprozess, da zu seinen Aufgaben gehört, den Prozess zu überwachen und ihn kontrollierend zu begleiten. Ein Produzent kümmert sich um die Einwerbung von Geldmitteln ebenso wie um die Auswahl des Schlüsselpersonals, also → **Regisseur** und → **Kameramann**. In späteren Phasen der Produktion kümmert er sich um den Vertrieb des Produkts. Obwohl ein Produzent prinzipiell über viele Möglichkeiten verfügt, auf die kreativen Prozesse bei einer Filmproduktion einzuwirken, kann sein tatsächlicher Grad an Verantwortung und kreativer Kontrolle stark variieren.

Profil- und Körperansichten *(staging positions)*

In der Filmsprache werden fünf Grundpositionen unterschieden, die ein Schauspieler bzw. ein Charakter zur Kamera einnehmen kann. In jeder dieser Grundpositionen stellt sich der Schauspieler dem Zuschauer auf andere Weise dar, weshalb jeder Grundposition eine andere psychologische Wirkung zugeschrieben wird.

1. **Frontalansicht:** Der Charakter tritt der Kamera direkt von vorne gegenüber. Diese Position erzeugt die größte Intimität zwischen der Kamera bzw. dem Zuschauer und dem Schauspieler. Indem der Schauspieler den Zuschauer direkt anzublicken scheint, nimmt er ihn in unmittelbare Komplizenschaft. Der direkte Blick in die Kamera bzw. in die Augen des Zuschauers hat eine solche Kraft, dass er die Illusion des Bildschirms als ein Fenster zu einer anderen Realität empfindlich stören kann (siehe auch → **90-Grad-Einstellung**).

2. **Dreiviertelprofil:** Der Körper ist dem Zuschauer zu drei viertel zugewandt (also etwa zu einem Viertel abgewandt). Diese Position ist bei vielen Filmemachern besonders beliebt, weil sie zwar große Intimität erzeugt, allerdings weniger stark als die Frontalansicht.

3. **Profilansicht:** Der Schauspieler wird von der Seite (im Profil) mit dem Blick in Richtung Bildrand (nach → **offscreen**) gezeigt. Beinhaltet die Einstellung zwei Schau-

spieler, stehen sie sich entweder gegenüber oder haben einander den Rücken zugedreht (die erste Variante wird z. B. häufig für → **Einführungseinstellungen** bei Gesprächen oder Duellierszenen genutzt). Die Profilansicht erzeugt meist den Eindruck, die Charaktere würden sich von der Kamera bzw. vom Zuschauer unbeobachtet fühlen, denn offenbar sind sie eher miteinander beschäftigt oder mit der sie umgebenden → **diegetischen** Welt.

4. **Viertelprofil:** In dieser Position ist der Schauspieler fast vollständig vom Zuschauer abgewandt, sodass nur noch ungefähr ein Viertel von seinem Gesicht zu erkennen ist. Das Viertelprofil ist noch unpersönlicher als das Profil. Indem der Charakter sich teilweise von der Kamera und damit vom Zuschauer abwendet, kann er seine unfreundlichen oder unsozialen Gefühle ausdrücken. Dem Zuschauer auf diese Art die „kalte Schulter" zu zeigen, wirkt oft sehr abweisend.

5. **Rückansicht:** Der Schauspieler steht mit dem Rücken zur Kamera bzw. zum Zuschauer. Diese Position wirkt am unpersönlichsten und wird oft dann eingesetzt, wenn signalisiert werden soll, dass ein Charakter sich von der Welt entfremdet hat oder extrem distanziert ist. Dem Zuschauer fehlt bei dieser Position jede Möglichkeit, einen Eindruck von der Mimik des Charakters zu bekommen, sodass er dessen Gefühlszustand nur erraten kann. Die Rückansicht wirkt daher oft geheimnisvoll oder rätselhaft. Manchmal weckt diese Position aber auch das Gefühl, der Charakter wäre besonders verletzlich, weil es für den Zuschauer so wirkt, als könne der Charakter (im Gegensatz zum Zuschauer selbst) nicht wahrnehmen, was hinter seinem Rücken passiert.

Pro-Filmic-Event/Pro-Filmic-Space
Alle Dinge, die sich vor Drehbeginn innerhalb der → **Mise-en-Scène** befinden. Dabei sind alle Personen und Objekte eingeschlossen, die schon vor und unabhängig von der eigentlichen Aktivität der Kamera im Bildraum (→ **Bild**) bzw. am Drehort existieren (computergenerierte Bilder sind davon ausgenommen).

Proxemik *(proxemic patterns)*
Die Proxemik befasst sich mit der räumlichen Anordnung von Personen und ihrer daraus zu schlussfolgernden Beziehung zueinander. Das Konzept, das der Proxemik zugrunde liegt, geht zurück auf den Anthropologen Edward T. Hall, der in seiner Theorie vier wesentliche Distanzzonen unterschied:
1. Intimzone, 2. persönliche Zone, 3. soziale Zone, 4. öffentliche Zone.

a) Im Bereich der Filmanalyse haben manche Strömungen das System übernommen und es mit den verschiedenen → **Einstellungsgrößen** in Zusammenhang gebracht:

1. intime Distanz → Innerhalb dieser Zone können Personen physisch miteinander in Kontakt kommen. Sie ist für gewöhnlich Liebenden und engen Familienmitgliedern vorbehalten. Siehe → **ECU**, → **CU**.

2. persönliche Distanz → Abstand von ungefähr einer Armlänge. Innerhalb dieser Distanzzone kommt man sich unter Freunden und in Familien nah. Siehe → **MCU**, → **MS**, → **MLS**.

3. soziale Distanz → Unpersönliche Geschäftskontakte und lockere Bekanntschaften. Siehe → **LS**.

4. öffentliche Distanz → Bei formalen öffentlichen Ereignissen (Theaterbesuch). Hier treten die Personen kaum noch in direkten Kontakt, sondern sind eher isoliert positioniert. Siehe → **ELS**.

Natürlich entspricht eine bestimmte → **Einstellungsgröße** nicht zwingend der tatsächlichen Entfernung zwischen Kamera und Subjekt. Aus psychologischer Sicht erzeugt aber eine bestimmte Einstellungsgröße den Eindruck einer bestimmten Entfernung, weshalb es beim Zuschauer auch zu den entsprechenden psychologischen Effekten kommt.

b) Das Konzept der Proxemik wird nicht nur auf Entfernungen zwischen Charakteren und Kamera angewandt, sondern auch auf die Distanz zwischen den Charakteren. Bei dieser Art der Anwendung wird versucht, von der physischen Distanz zwischen den Charakteren auf die Art ihrer Beziehung bzw. den Grad ihrer emotionalen Distanz zueinander zu schließen.

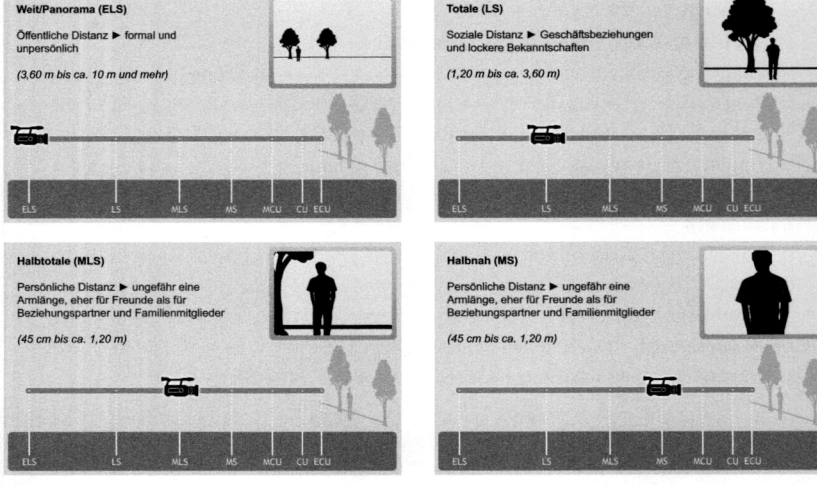

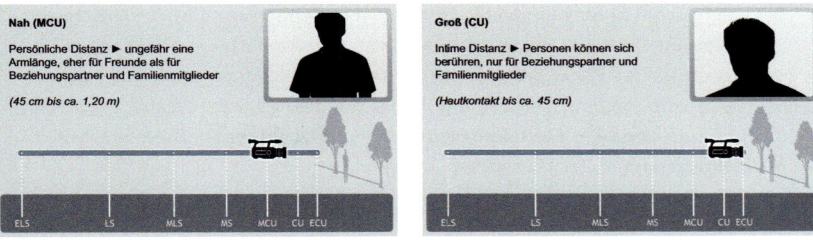

Nah (MCU)

Persönliche Distanz ▶ ungefähr eine
Armlänge, eher für Freunde als für
Beziehungspartner und Familienmitglieder

(45 cm bis ca. 1,20 m)

Groß (CU)

Intime Distanz ▶ Personen können sich
berühren, nur für Beziehungspartner und
Familienmitglieder

(Hautkontakt bis ca. 45 cm)

Detail (ECU)

Intime Distanz ▶ Personen können sich
berühren, nur für Beziehungspartner und
Familienmitglieder

(Hautkontakt bis ca. 45 cm)

Ransprung *(axial cut)*

Ein Ransprung ist eine Art von → **Jump Cut**, bei der sich die Kamera zwischen zwei
Einstellungen entweder auf das gefilmte Objekt zu oder von ihm weg bewegt. Die Kameraposition ändert sich hierbei nur in Bezug auf ihre Entfernung zum Objekt (siehe
→ **Einstellungsgrößen**), während die → **Kameraperspektive** erhalten bleibt. Ein Ransprung hat eine ähnliche Funktion wie ein → **Zoom**, aber anstelle eines gleitenden Be-
wegungseindrucks, wie er beim Zoom entsteht, werden beim Ransprung mehrere
Einstellungen hintereinandergeschnitten, sodass die Kamera zu springen scheint.

Raum *(space)*

Der Bereich innerhalb des → **Kaders**,
über den der Filmemacher frei verfügen kann. Der Raum ist ein Bereich der
→ **Mise-en-Scène** und meint vor allem
die dreidimensionale Bühne, die sich
dem Filmemacher bietet, um alle mög-
lichen Objekte und Figuren beliebig
platzieren und anordnen zu können.

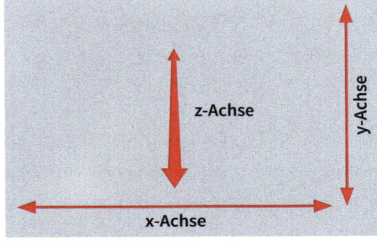

Der Raum, der in einem bestimmten Moment im Bild zu sehen ist, wird → **Onscreen**-Raum genannt. Der Raum, der im selben Moment nur mitgedacht werden kann, weil er sich außerhalb des Bildes befindet, wird → **Offscreen**-Raum genannt. Das Erscheinungsbild eines Raums und die damit verbundene Wirkung auf den Zuschauer können durch verschiedene → **Einstellungsgrößen**, → **Beleuchtung**sarrangements oder → **Objektivarten** zum Teil stark variiert werden.

Mit Bezug auf die Mise-en-Scène werden verschiedene Arten der Raumnutzung unterschieden:

- → **Positiver Raum**
- → **Negativer Raum**
- → **Mehrdeutiger Raum**
- → **Tiefe** oder → **Untiefe**
- → **Enge Kadrage** oder → **Freie Kadrage**

Reaktionseinstellung *(reaction shot)*

Eine Einstellung von für gewöhnlich kurzer Dauer, die die Reaktion einer Gruppe oder eines Charakters auf eine Person oder ein Ereignis zeigt, das zuvor → **onscreen** gezeigt wurde. Bei Reaktionseinstellungen handelt es sich oft um → **Zwischenschnitte** in Form von → **subjektiven Einstellungen**.

Wenn zwei Charaktere (A und B) miteinander sprechen, zeigt die Reaktionseinstellung meist die Reaktion von dem Charakter (B), der dem anderen schweigend zuhört, während von → **offscreen** die Stimme des anderen Charakters (A) zu hören ist.

Realismus *(realism)*

Ein bestimmter → **Filmstil**, bei dem Inhalt und Thematik und nicht die ästhetische Form im Vordergrund stehen. Filmemacher, die sich dem Realismus verpflichtet fühlen, sind besonders daran inter-

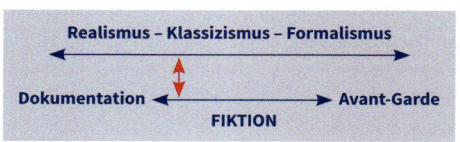

Filmstile und -typen (nach L. Giannetti, 2005: 4)

essiert, wie etwas momentan oder „in Wirklichkeit" ist. Entsprechend versuchen sie, Dinge und Zustände so zu zeigen, wie sie wirklich sind (zumindest aus ihrer Sicht), und streben danach, die Wirklichkeit so gut wie möglich ab- bzw. nachzubilden. Realistische Filme haben oft einen sehr → **dokumentarischen** Charakter. Im Filmbereich wird Realismus häufig mit Begriffen wie → **Sozialer Realismus** und → **Spülbecken-Realismus** in Zusammenhang gebracht.

Realistischer Schauplatz *(realistic setting)*

Der Begriff → **Realismus** meint die Darstellung von Objekten und Umstände, die so oder auf ähnliche Weise in der Wirklichkeit stattfinden
oder stattgefunden haben. Dementsprechend soll ein realistischer
Schauplatz bzw. der zugehörige Drehort die Lebensumstände und
Handlungsräume der Geschichte möglichst wirklichkeitsgetreu abbilden.

Meist werden zu diesem Zweck → **Originaldrehorte** gewählt, speziell angefertigte
→ **Kulissen** sind aber auch nicht unüblich.

Unabhängig davon, für welche Variante sich die Filmemacher entscheiden, werden
räumliche Begebenheiten immer so gewählt, dass diese ihren Vorstellungen und Be-
dürfnissen zur Umsetzung der Filmidee am ehesten entsprechen. Aus diesem Grund
zeigen auch realistische → **Schauplätze** immer nur eine kontrollierte Auswahl der
Wirklichkeit. Folglich wird auch bei der realistischen Darstellung viel mit → **Stereotypen** gearbeitet oder der Drehort wird mit bestimmten → **Requisiten** und → **Dekora-
tionselementen** ausgestattet, die dann beim Zuschauer einen bestimmten Eindruck
von den Umständen hinterlassen oder eine bestimmte Sichtweise vermitteln sollen.

Es sind auch Varianten möglich, bei der der Schauplatz selbst realistisch ist, die dort
stattfindende Handlung hingegen unrealistisch. Siehe auch → **Unrealistischer Schauplatz**.

Rechteck *(rectangle)*

Das Rechteck ist eine geometrische
Standardform, die für verschiedene
→ **kompositorische** Zwecke innerhalb
des Kaders genutzt werden kann.
Rechtecke bzw. Quadrate können entweder durch entsprechend geformte

Objekte oder durch die Kombination mehrerer Objekte, die zusammen eine rechteckige oder quadratische Form ergeben, in die → **Mise-en-Scène** eingebracht werden.
Häufig bilden aber auch → **Schatten** oder bestimmte → **Beleuchtung**seffekte rechteckige Formen aus, oder sie werden sehr subtil erzeugt, indem sie sich aus dem
→ **negativen Raum** und/oder (mit)gedachten Verbindungslinien zwischen Personen,
Gesichtern und Objekten ergeben.

Weil die rechten Winkel von Rechtecken in der Natur nicht vorkommen, werden Rechtecke häufig mit moderner Zivilisation oder logisch-mathematischen Umgebungen in
Verbindung gebracht.

Weitere Standardformen sind → **Linien**, → **Dreiecke** und → **Kreise**.

Regisseur, Filmregisseur *(director)*

Ein Filmregisseur ist eine Person, die die → **Schauspieler** und das technische Filmteam während der Produktion eines Films anweist. Der Regisseur kontrolliert die künstlerischen und dramatischen Aspekte eines Films unter Aufsicht des → **Produzenten** und arbeitet eng mit den Schauspielern und dem Mitarbeiterstab zusammen. Von besonderer Bedeutung ist die Zusammenarbeit zwischen Regisseur und Mitarbeitern mit bestimmten Schlüsselfunktionen, wie zum Beispiel Chefkameramann, Szenenbildner, Kostümbildner, Requisiteur, Tongestalter etc. (s. Einträge zu → **Kameramann**, → **Kostüm**, → **Requisit**). In der Nachbearbeitung arbeitet der Regisseur eng mit dem → **Cutter** und dem Tongestalter zusammen, um sicherzustellen, dass die ursprüngliche künstlerische Filmidee auch entsprechend umgesetzt wird.

Reinbunte Farben/reine Farben *(hue)*

Die reinbunten Farben sind die Farben des → **Farbkreises** ohne Beimischung anderer Farben oder Trübung und Tönung durch Schwarz oder Weiß. Aufgrund ihrer hohen → **Farbsättigung** verfügen reinbunte Farben über die stärkste Leuchtkraft und erscheinen damit besonders lebendig.

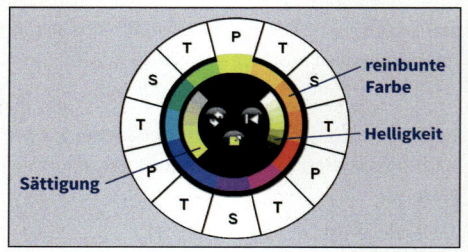

Reiner Farbkontrast/Kontrast reiner Farben *(contrast of pure hue)*

Die Farben der ersten und zweiten Ordnung des → **Farbkreises** sind die Farben mit dem reinsten Farbton (auch: Buntton). Die Farben mit den reinsten Farbtönen sind die mit der intensivsten Leuchtkraft, die auch als → **Farbsättigung** bezeichnet wird. Ein hoher Sättigungsgrad bedeutet, dass die Leuchtkraft von der Grundfarbe nicht durch die Beimischung anderer Farben verringert wurde. Der Kontrast, der sich aus einer Kombination mehrerer reiner Farben ergibt, wirkt besonders lebhaft, schrill oder aufregend.

Starke Farben versprühen viel Energie und eine große Emotionalität und haben einen natürlichen Signaleffekt. Je stärker die einzelnen Farben eines Bildes durch andere Farben gebrochen sind, desto kleiner ist der Kontrast zwischen ihnen. Der Kontrast reiner Farben kann erhöht werden, indem in der nahen Umgebung schwarze oder weiße Flächen ergänzt werden.

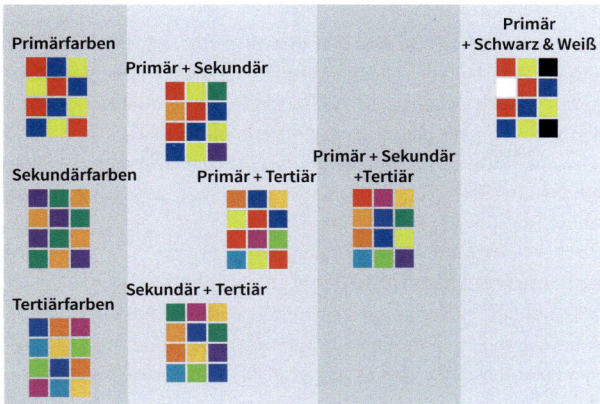

Reißschwenk *(swish pan)*

Eine extrem schnell ausgeführte → **Schwenkbewegung**, die für ein kurzzeitiges Verschwimmen des Bildes sorgt (z. B. wenn die Kamera schnell von einer Figur zu einer anderen schwenkt, die bis dahin noch nicht im Bild zu sehen war). Ein Reißschwenk beginnt und endet nor-  malerweise mit der Kamera in Ruheposition und dient oft als → **Überblendung** ohne → **Schnitt**. Für einen Reißschwenk muss die → **Mise-en-Scène** sehr sorgfältig ge- plant sein. Im Gegensatz zu einer normalen Überblendung, wie sie standardmäßig in der → **Kontinuitätsmontage** eingesetzt wird, sind Reißschwenks sehr auffällig und ziehen die Aufmerksamkeit auf sich. Manchmal werden Reißschwenks mit einem direkt daran anschließenden Schnitt kombiniert, der dann durch den Schwenk kaschiert wird. Diese Variante dient meist dazu, einen Zeit- oder Ortswechsel einzu- leiten.

Re-Kadrierung *(re-framing)*

Ein technischer Begriff für kurze → **Schwenk-** oder → **Kipp**bewegungen, die eine sich bewegende Person oder Gruppe im Bild (→ **onscreen**) oder zentriert im Bild halten, um die Balance der → **Komposition** zu wahren. Die Re-Kadrierung ist eine wichtige und besonders unauffällige Technik, um den Blick des Zuschauers auf den wichtigsten Charakteren im Bild zu halten. Dabei soll sich die Hauptaufmerksamkeit der Zuschau- er auf die Handlungen der Charaktere richten, sodass die kleinen Kamerabewegungen bei der Re-Kadrierung für gewöhnlich unbemerkt bleiben. Im Kontrast zur Re-Kadrie- rung steht die → **Verfolgungsfahrt**, bei der es zu besonders auffälligen → **Kamera- bewegungen** kommt.

Requisit *(prop)*

Requisiten sind alle Objekte, mit denen ein Charakter interagiert oder die eine besondere Bedeutung innerhalb der laufenden Handlung haben. Requisiten haben oft die Funktion eines → **Motivs** oder tragen eine besondere → **symbolische** Bedeutung.

Alle Objekte, die sich zwar innerhalb der → **Mise-en-Scène** befinden, mit denen die Schauspieler aber nicht direkt interagieren bzw. die keine spezielle Funktion für die Handlung haben, werden nicht als Requisit bezeichnet, sondern zur → **Dekoration** gezählt.

Richtungstendenz, Gerichtetheit, Ausrichtung *(directionality)*

Eigenschaft eines sich bewegenden Objekts, in eine bestimmte Richtung zu streben. Weil es im bewegten Film naturgemäß viele sich bewegende Objekte und Personen gibt, spielen Richtungstendenzen für die visuelle Gestaltung eine große Rolle. Richtungstendenzen tragen oft eine bestimmte Dramatik oder Botschaft in sich. Der Begriff Richtungstendenz umfasst alle Bewegungen von Charakteren oder Objekten (oder auch der Kamera) innerhalb des → **Kaders** und kann, entsprechend der verschiedenen Sichtachsen und → **Vektoren**, als

- vertikale Richtungstendenz,
- horizontale Richtungstendenz,
- diagonale Richtungstendenz oder
- Richtungstendenz auf der z-Achse (Tiefenachse)

in Erscheinung treten.

Empfundener Schwierigkeitsgrad einer Bewegung innerhalb des Kaders:
1. Angenehm **2.** Unangenehm
3. Schwierig (hoch) **4.** Leicht (runter)

Empfundener Schwierigkeitsgrad einer Bewegung innerhalb des Kaders:
1. Am einfachsten **2.** Weniger einfach
3. Schwierig **4.** Am schwierigsten

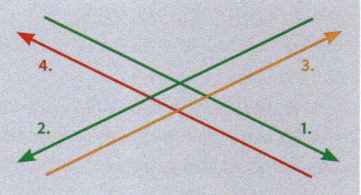

Rohschnitt *(rough cut)*

Eine frühe oder fast fertige Schnittfassung eines Films. Dem Rohschnitt gegenüber steht die → **Endfassung**.

Rollen *(roll)*

Siehe → **Rotieren**.

Rotieren/Rollen *(rotate)*

Die Bewegung einer fest stehenden Kamera um eine gedachte Achse zwischen Kameraobjektiv und dem gefilmten
Objekt oder der gefilmten Person. Die gefilmte Person
bleibt dabei an ihrem Platz, während die Kamera sich in

eine Richtung (im oder gegen den Uhrzeigersinn) dreht. Bei einer Rotation scheint die → **Horizontlinie** in eine Richtung zu kippen, wodurch die Dinge wirken, als könnten sie aus dem Bild rutschen. Eine Rotation spielt also mit der alltäglichen Wahrnehmung von Schwerkraft. Auf diese Weise verstärkt die Rotation den Eindruck einer ohnehin konfusen oder wirren Szenerie oder Handlung (siehe → **Gekippter Winkel**). Weil der Effekt einer Rotation sehr stark ist und beim Zuschauer für gewöhnlich zu Desorientie-rung führt, wird eine Rotation, im Vergleich zu anderen → **Kamerabewegungen**, deut-lich seltener eingesetzt.

Rückblende *(flashback)*

Eine Einstellung oder eine Reihe von Einstellungen oder Szenen, die den
normalen chronologischen Erzählfluss zugunsten der Wiedergabe eines
Ereignisses in der Vergangenheit unterbricht. Rückblenden sind Sprünge in der → **diegetischen** Zeit. Sie können subjektiv sein (Gedanken oder

Erinnerung des Protagonisten zeigen, siehe → **Mindscreen**) oder objektiv (vergangene Ereignisse zeigend, um eine Beziehung zur Erzählgegenwart zu knüpfen). Rückblenden können auch einen Großteil des kompletten Films einnehmen (beispielsweise wenn eine Figur ihre Lebensgeschichte in einer Rückblende erzählt). Normalerweise wird der Beginn einer Rückblende deutlich durch verschiedene stilistische Mittel akzentu-iert (z. B. → **weiche Blenden**, → **Auf- und Abblenden** und → **Doppelbelichtungen**). Das Gegenteil einer Rückblende, der zeitliche Sprung zu zukünftigen Ereignissen, wird als → **Vorausschau** bezeichnet. Die Montage einer Reihe von Einstellungen, die zwischen verschiedenen Zeitebenen, Rückblenden und Vorausschauen hin und her schneidet, kann bei einer → **Parallelmontage** Anwendung finden.

Rückfahrt *(track out)*

Eine → **Kamerafahrt**, bei der sich die Kamera von einer Person oder einem Objekt wegbewegt. Gegenteil von → **Hinfahrt**. Siehe auch → **Dolly**.

Rückprojektion *(rear projection)*

Eine Studiotechnik, bei der eine vorab erstellte Fotografie oder vorab erstelltes Filmmaterial von hinten auf eine durchsichtige Leinwand (Hintergrundhandlung) projiziert wird, während die Charaktere vor der Projektionsfläche (Vordergrundhandlung) agieren. Währenddessen wird die sich vor der Leinwand abspielende Handlung gefilmt.

Eine ähnliches Vorgehen findet sich beim Verfahren der Frontprojektion. Während die Schauspieler ebenfalls vor der Leinwand spielen, wird die Hintergrundhandlung hierbei allerdings von vorne auf die Leinwand projiziert.

Satire

Die Satire ist ein Filmgenre, in dem Laster, Dummheiten, Missbrauch und Unzulänglichkeiten von Menschen lächerlich gemacht werden. Im Idealfall steht dahinter die Intention der Filmemacher, bestimmte Individuen oder die gesamte Gesellschaft über die Erzeugung von Schamgefühlen zur Besserung zu bewegen. Zu diesem Zweck nutzen Satiriker verschiedene Stilmittel, wie Übertreibungen, Gegenüberstellungen, Analogien, Sarkasmus und Ironie. Ein Film muss nicht gänzlich satirisch sein, er kann auch nur vereinzelte satirische Züge aufweisen.

Schärfentiefebereich *(depth of field)*

Der Bereich vor der Kamera, in dem alle Objekte scharf dargestellt werden. Eine helle Beleuchtung und eine kleine → **Blende** erzeugen eine größere Schärfentiefe. Auch mit einem → **Weitwinkelobjektiv**, das im Gegensatz zum → **Teleobjektiv** eine kürzere Brennweite besitzt, lässt sich dieser Effekt erzielen. Die Schär-

fentiefe (bzw. der Schärfentiefebereich) hängt direkt mit dem → **Fokus** zusammen, sollte aber nicht mit ihm verwechselt werden: Während der Fokus die Qualität (also den Grad der Schärfe) beschreibt, mit der ein Objekt abgebildet wird, ist die Schärfentiefe bzw. der Schärfentiefebereich ein Maß für die Größe des Bildbereichs, der im Fokus liegt. Für weiterführende Informationen siehe die Einträge bezüglich → **Geringer Tiefenschärfe** und → **Großer Tiefenschärfe**.

Schärfeverlagerung *(rack focus)*

Die Veränderung von Bildschärfe und → **Fokus** während einer → **Einstellung**. Bei einer Schärfeverlagerung wird ein Teil des Bildes unscharf (→ **Unschärfe**), während ein anderer scharf gestellt wird, sodass eine visuelle Verbindung zwischen den beiden Bildelementen entsteht. In vielen Fällen vermittelt die Schärfeverlagerung eine Ursache-Wirkungs-Beziehung. Ein Vorteil der Schärfeverlagerung ist die Möglichkeit, den Blick des Zuschauers innerhalb der Einstellung zu lenken, ohne auf einen → **Schnitt** zurückgreifen zu müssen.

Schattierung *(shade)*

Eine Farbe, zu der Schwarz hinzugefügt wird, bzw. der Prozess, bei dem einer Farbe Schwarz beigemischt wird. Für weiterführende Informationen siehe den Eintrag zu → **Farbhelligkeit**.

Schauplatz *(setting)*

Bezeichnet die Handlungszeit und den Handlungsort der Geschichte. Der Schauplatz unterscheidet sich in der Regel vom → **Drehort**, also dem wirklichen, physischen Ort der Dreharbeiten. Bei Drehorten wird unterschieden zwischen → **Kulissen**, d. h. Orten oder Räumlichkeiten, welche extra für die Filmproduktion geplant und gebaut werden, und → **Originaldrehorten**, d. h. Orten in der wirklichen Welt, die nur leicht für den Filmdreh verändert werden. Ausstattung und → **Dekoration** eines Drehortes verraten eine Menge über den Schauplatz und somit über die räumlichen und zeitlichen Besonderheiten der Geschichte. Im Regelfall sind Schauplatz sowie Kostüme und Maske sehr genau aufeinander abgestimmt. Bei der Filmanalyse kann es aber ebenso nützlich sein, auf Widersprüche oder Kontraste und übermäßige Uniformität zwischen diesen Aspekten zu achten. Für weiterführende Informationen siehe die Einträge zu → **Kulisse**, → **Drehort**, → **Limbo** und → **Dekoration**.

Schauspieler und Schauspielerei *(actor and acting)*

Schauspielerei ist die Kunst, einen Charakter darzustellen, der in seinen Zügen gewöhnlich nicht der eigenen Persönlichkeit entspricht. Ziel ist es, den Zuschauern den Eindruck zu vermitteln, dass die gezeigte fiktive Handlung wahr sein könnte. Schauspieler setzen dies um, indem sie sich unterschiedlichste sprachliche Ausdrucksformen und Dialekte, Gesichtsausdrücke und Gesten aneignen, die aus ihrer Sicht die darzustellende Figur besonders auszeichnen. Ein großer Teil der Arbeit besteht darin, Wissen über → **Körpersprache** und ihre Wirkung auf andere Personen adäquat einzusetzen. Manche Schauspieler und Schauspielerinnen bevorzugen Rollen, welche besonders nah an ihrer eigenen Persönlichkeit liegen oder haben einen speziellen Spielcharakter entwickelt, der sich in leicht veränderter Form in vielen Filmen oder Theaterstücken umsetzen lässt. Die meisten Schauspieler und Schauspielerinnen bleiben aber sehr aufmerksam und versuchen ständig, durch Beobachtung, Spiel und Nachahmung ihr Wissen und Können zu Körpersprache, verschiedenen Persönlichkeitstypen und dem kompletten Spektrum menschlicher Emotionen weiter auszubauen. An Schauspielschulen werden verschiedene Techniken unterrichtet, die sich bezüglich ihrer schauspielerischen Grundhaltung zum Teil stark unterscheiden. Für vertiefende Informationen hierzu siehe die Einträge zu → **Method Acting**, → **Meisner-Technik** und → **Klassischer Schauspielausbildung**.

Schiefer Winkel *(oblique angle)*
Siehe → **Gekippter Winkel**.

Schlagschatten *(cast shadow)*
Schlagschatten entstehen, wenn ein Objekt, das teilweise das einfallende Licht blockiert, seinen Schatten auf ein anderes Objekt wirft. Beispielsweise wenn eine Person von vorne angestrahlt wird und ihre Silhouette an die Wand hinter ihr geworfen wird oder wenn Licht, das durch eine Jalousie fällt, die Schatten der Lamellen auf ein Objekt oder eine Person dahinter projiziert. Siehe auch → **Eigenschatten**.

Schneiden *(cutting)*
Siehe → **Montage**.

Schneiden
Siehe → **Schnitt (Postproduktion)**.

Schneller Schnitt, schnelle Montage
(manchmal: Hip-Hop-Montage, *fast cutting*)
Ein Verfahren der Montage, bei dem mehrere Einstellungen schnell aufeinanderfolgend in kurzer Zeit zusammengeschnitten werden. Die schnelle Montage ist ein effektiver Weg, um schnell viele Informationen zu vermitteln. Der Prozess wird oft genutzt, um einer Handlung Dringlichkeit und Energie zu geben, die → **Spannung** zu erhöhen, auf einen Höhepunkt hinzuleiten oder zu illustrieren, dass ein Protagonist die Kon-

trolle über eine Situation verliert. Das Gegenteil der schnellen Montage ist der → **langsame Schnitt**.

Schnitt *(cut)*

Ein Schnitt verbindet zwei → **Einstellungen** und führt das Ende der einen Einstellung mit dem Beginn der nachfolgenden Einstellung zusammen. In den meisten Fällen wird dabei ein → **„harter Schnitt"** benutzt. Ein harter Schnitt meint, dass auf das letzte → **Bild (frame)** der ersten Einstellung direkt das erste Einzelbild der nächsten Einstellung folgt. Bei einem harten Schnitt wird keine spezielle → **optische Überblende** benutzt.

Schnitt (Postproduktion, *editing*)

Der Prozess der Sichtung und Auswahl, des Zuschneidens, Arrangierens und Zusammenfügens der verschiedenen beim Filmdreh entstandenen → **Aufnahmen** belichteten → **Filmmaterials**, zu einem einzelnen, zusammenhängenden Film. Der → **harte Schnitt** ist die einfachste Form des Schnitts, daneben gibt es aber noch viele andere Möglichkeiten, um → **Übergänge** zwischen zwei Einstellungen zu schaffen.

Darüber hinaus können Schnitte aber viel mehr, als nur einzelne Einstellungen miteinander zu verbinden. Für den Filmemacher ist der Schnitt ein wichtiges Werkzeug, welches ihm erlaubt, Reihenfolge und Rhythmus der Handlung zu steuern und räumliche und zeitliche Bezüge zwischen einzelnen Einstellungen herzustellen oder zu verändern. So können mithilfe von → **Rückblenden** und → **Vorausschauen** zum Beispiel zeitliche Sprünge innerhalb der → **Diegese** erzeugt werden, während → **Kreuzschnitt** oder → **Parallelmontage** verschiedene Handlungen zeitlich miteinander verbinden. Darüber hinaus kann Zeit auch ausgedehnt (siehe → **Zeitlupe**, → **Einfrieren**, → **Überlappende Bewegung**) oder komprimiert (siehe → **Zeitraffer**, → **Ellipse**, → **Montage**) werden.

Vor allem ist der Schnitt ein wichtiger Teil des filmischen Erzählens. Denn erst am Schneidetisch wird die Länge von → **Einstellungen** endgültig festgelegt und diese werden dann zu → **Szenen** und → **Sequenzen** kombiniert. Vor diesem Hintergrund wird klar, dass es eigentlich die Aneinanderreihung von Einstellungen ist, die dem Zuschauer Bedeutung vermittelt: Eine → **Blickeinstellung** in Kombination mit einer → **subjektiven Einstellung** lässt uns vermuten, dass uns gerade gezeigt wird, was ein Charakter sieht; ein → **Anschlussschnitt** kann für uns zwei völlig verschiedene Dinge unabhängig von Zeit und Raum miteinander verbinden; ein → **Jump Cut** erzeugt vielleicht den Eindruck von Verwirrung, und durch eine → **Reaktionseinstellung** wird uns eine Ursache-Wirkungs-Beziehung zwischen zwei Einstellungen vermittelt.

Geschickt genutzt, hilft das → **Kontinuitätsprinzip** mit seinen Regeln (beispielsweise der → **180-Grad-Regel** und der → **30-Grad-Regel** sowie dem → **Blickachsenanschluss**) und Konventionen (z. B. dem → **Bewegungsschnitt** oder dem → **Schuss-Gegenschuss-Verfahren**), die Illusion scheinbar ununterbrochener Handlungsabläufe innerhalb einer Geschichte zu erschaffen und aufrechtzuerhalten.

Piktogramme zum Schnitt:

Piktogramme zum → Kontinuitätsprinzip:

Schuss-Gegenschuss-Verfahren *(shot/reverse shot)*

Eine → **Montagetechnik**, bei der abwechselnd zwischen zwei Objekten oder Personen hin- und hergeschnitten wird. Dabei werden beide Objekte aus den immer gleichen, aber entgegengesetzten Winkeln gefilmt. Die Kombination aus Schuss und Gegenschuss ist ein zentrales Verfahren in Bezug auf das → **Kontinuitätsprinzip**. Manche Filmemacher bevorzugen für Dialogszenen sogenannte → **Zweiereinstellungen**, bei denen immer beide Personen gleichzeitig im Bild zu sehen sind, anstatt den Raum in mehrere einzelne Einstellungen zu zerlegen und diese dann mittels des Schuss-Gegenschuss-Verfahrens wieder zu verbinden. Das Schuss-Gegenschuss-Verfahren wird häufig mit → **Über-die-Schulter-Einstellungen** kombiniert.

Schwenk *(panning shot)*

Eine Einstellung mit einer auffälligen → **Schwenkbewegung** der Kamera.

Schwenken *(panning)*

Eine Bewegung einer fest an einem Standort installierten Kamera auf ihrer horizontalen Drehachse (von links nach rechts oder umgekehrt). Der englische Begriff *panning* ist angelehnt an dem Begriff *panorama*. Eine → **Einstellung** mit einer auffälligen Schwenkbewegung wird als → **Schwenk** bezeichnet. Siehe auch → **Kippen**.

Schwenks haben drei Hauptfunktionen:

1. einen Überblick (Panaroma) über eine Szenerie zu geben,
2. die Aufmerksamkeit des Zuschauers von einem Charakter oder Ort zu einem anderen zu lenken,
3. Handlungen oder Bewegungen zu folgen. Ein Schwenk, der so schnell ausgeführt wird, dass das Bild verschwimmt, wird als → **Reißschwenk** bezeichnet. Ein Schwenk, bei dem die Kamera einen vollständigen Kreis beschließt, wird als → **360-Grad-Schwenk** bezeichnet.

Seitenverhältnis/Bildformat *(aspect ratio)*

Das Bildformat beschreibt die Größe eines Bildes beziehungsweise des Bildschirms und definiert das Verhältnis zwischen Bildbreite und -höhe des → **Kaders**. Ein Bildformat von 4:3 (oder auch 1,33:1) bedeutet zum Beispiel, dass die Bildbreite 33 Prozent größer ist als die Bildhöhe.

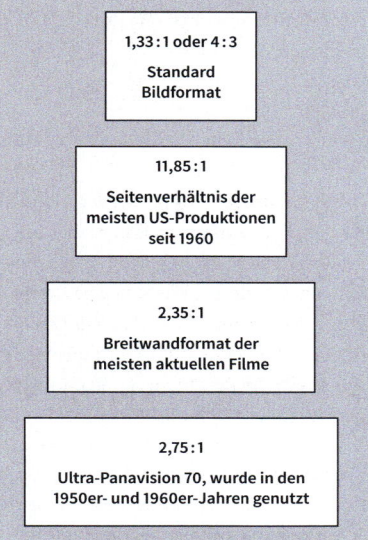

selbstreflexiv *(self-reflexive)*

Ein selbstreflexiver Film lenkt die Aufmerksamkeit auf sich selbst und die ihm zugrunde liegenden Techniken, → **Konventionen** und die Umstände seiner Produktion und betont dadurch seine eigene Konstruiertheit. Viele → **Experimentalfilme** sind selbstreflexiv, indem sie, im Gegensatz zum → **klassischen Hollywood-Kino** und anderen kommerziellen Produktionen, nicht den Konventionen der → **Kontinuitätsmontage** folgen und es auf diesem Wege vermeiden, beim Zuschauer die Illusion einer real ablaufenden Handlung zu erzeugen.

Sequel (dt. „Fortsetzung")

Ein Film, der einen zuvor produzierten Film ergänzt, und zwar um eine der Ausgangsgeschichte zeitlich nachgelagerte Handlung. Neben dem Sequel gibt es noch das → **Prequel**, einen Film, der eine der Ausgangsgeschichte zeitlich vorangestellte Handlung erzählt.

Sequenz *(sequence)*

Eine weniger präzise narrative Einheit in einem Film, die aus mehreren zueinander gehörenden → **Szenen** besteht. Die Szenen einer Sequenz sind normalerweise durch einheitliche Handlungsorte oder -zeiten miteinander verbunden, zwingend notwendig ist dies aber nicht.

Slomo

Kurzform von *Slow Motion*. Siehe → **Zeitlupe**.

SnorriCam

Bei einer SnorriCam (auch: Chestcam, Bodymount Camera, Bodycam oder Bodymount) handelt es sich um ein spezielles Kameragestell, das direkt am Körper des Schauspielers oder einem sich bewegenden Objekt angebracht wird. Die Bezeichnung SnorriCam geht zurück auf die Namen ihrer beiden Entwickler, die isländischen Fotografen und Regisseure Einar und Eiður Snorri. Meistens wird das Objektiv der Kamera direkt auf das Gesicht ihres Trägers ausgerichtet, wodurch ein besonders ungewöhnlicher Effekt erzeugt wird, wenn die Person ihre Position im Raum verändert: Anstelle der Person selbst scheint sich der Raum um die Person herum zu bewegen. In Abhängigkeit der Entfernung zwischen der Kamera und ihrem Träger und der Ausrichtung der Kamera bleiben → **Kadrierung**, → **Einstellungsgröße** und → **Perspektive** bei einer → **Einstellung** mit einer SnorriCam stets gleich. Eine Einstellung, die mit einer SnorriCam gefilmt wird, ist eine höchst → **subjektive Einstellung**, die beim Zuschauer ein ungewöhnliches Gefühl von Schwindel erzeugt. An Bekanntheit gewann die SnorriCam besonders durch ihren Einsatz in vielen Musikvideos.

Sozialer Realismus *(social realism)*

Eine künstlerische → **Filmbewegung**, die sich mit sozialer Ungerechtigkeit und öko-nomischen Nöten auseinandersetzt. In Filmen, die dem Sozialen Realismus zugeord-net werden, werden Personen und Aktivitäten der Arbeiterklasse oft als besonders heldenhaft bzw. heroisch dargestellt. Der Soziale Realismus sollte nicht mit dem *So-zialistischen* Realismus verwechselt werden, einer offiziellen Kunstform in der ehema-ligen UdSSR. Siehe auch → **Realismus**, → **Spülbecken-Realismus** und → **Dokumen-tarfilm**.

Spaghettiwestern/Italowestern

Spitzname, der einer italienischen → **Filmbewegung** und einem Subgenre des Wes-terns gegeben wurde, das in den 1960er- und 1970er-Jahren erfolgreich war. Der Name leitet sich daher ab, dass die meisten dieser Filme von Italienern produziert wurden, meist in spanischer, manchmal auch deutscher Koproduktion, und auch zumeist Itali-ener die Regie führten. Typischerweise bestanden die Produktionspartner auf eine Beteiligung ihrer lokal bekannten Schauspieler zu Promotionszwecken. Die bekann-testen und vielleicht auch typischsten Vertreter dieses Genres sind *Für eine Handvoll Dollar* (1964), *Für ein paar Dollar mehr* (1965) und *Zwei glorreiche Halunken* (1966), alle von Regisseur Sergio Leone, mit Clint Eastwood in der Hauptrolle und → **Filmmusik** von Ennio Morricone.

Spannung *(suspense)*

Ein Gefühl von Unsicherheit und Anspannung über den Ausgang bestimmter Handlun-gen im Film. Der Begriff Suspense geht auf Regisseur Alfred Hitchcock zurück, der fest-stellte, dass die Zuschauer eine besondere Anspannung empfinden, wenn sie erwar-ten, dass etwas Schlimmes passiert, und wenn sie mehr wissen (oder glauben, mehr zu wissen) als die einzelnen Charaktere im Film. Der Grund dafür ist offenbar, dass die Zuschauer selbst über das anstehende, schlimme Ereignis vorgewarnt sind, aber keine Möglichkeit haben, einzugreifen und es zu verhindern.

Der deutsche Begriff Spannung trifft die Bedeutung von Suspense im Sinne Hitchcocks nur teilweise, weil er gewöhnlich wesentlich allgemeiner aufgefasst wird. Deshalb wird im deutschen Sprachraum für die hier beschriebene Form der Spannung, gewöhnlich ebenfalls der Begriff Suspense verwendet.

Spezialeffekte *(special effects)*

Ein Oberbegriff für Einstellungen oder besondere Elemente innerhalb einer Einstel-lung, die in dieser Art nicht durch bloßes Filmen der Handlung hervorgebracht werden können. Spezialeffekte entstehen entweder *live*, also schon während des Drehs, zum Beispiel mithilfe verschiedener fotografischer Manipulationstechniken (z. B. → **Matte-**

Einstellungen oder → **Rückprojektion**), oder später beim → **Schnitt** (z. B. → **Doppel-belichtungen** oder → **Standbilder**). Heute werden die meisten Spezialeffekte digital am Computer erzeugt (siehe → **CGI**).

Spielfilm (Langspielfilm, Kinofilm, *feature*)

Ein Film, der für die Auswertung im Kino gedacht ist und dort als Hauptattraktion gezeigt wird, im Gegensatz zu den → **Kurzfilmen**, die manchmal im Vorprogramm vorgeführt werden. Ein Spielfilm dauert normalerweise länger als 60 Minuten.

Spirale *(spiral)*

Siehe → **Kreis**.

Spitze/Kantenlicht *(backlight, rimlight)*

Die Spitze (auch Kantenlicht oder Haarlicht genannt) ist Teil einer Standardbeleuchtungsmethode, die als Drei-Punkt-Licht bekannt ist. Diese Lichtquelle wird hinter dem gefilmten Objekt und gegenüber der Kamera positioniert. Allerdings so hoch, dass das Licht nicht direkt in die Kamera strahlen kann. Die Hauptfunktion der Spitze ist es, das Objekt von seinem Hintergrund abzuheben, indem es seine Kanten beleuchtet. Das Bild erhält so räumliche Tiefe. Eine sehr helle Spitze kann eine Art Leuchten um das Objekt erzeugen, das bei Personen wie ein Heiligenschein wirken kann. Für weiterführende Informationen siehe → **Drei-Punkt-Licht**, → **Führungslicht** und → **Fülllicht**.

Spitzlicht *(catchlight)*

Ein Begriff aus der Fotografie, der sehr helle Lichtreflexionen auf bestimmten Bildbereichen meint. Bekannt sind zum Beispiel sehr helle Reflexionen in den Augen eines Tiers oder einer Person. Spitzlichter geben Auskunft über das → **Beleuchtung**sarrangement und die Anzahl der gesetzten Lichter. Das Spitzlicht darf nicht mit der → **Spitze** einer → **Drei-Punkt-Beleuchtung** verwechselt werden.

Split Screen (geteilter Bildschirm, *split screen*)

Eine Technik, bei der der Bildschirm sichtbar in mehrere Teile aufgeteilt ist. Üblich ist eine Zweiteilung, eine Aufteilung in noch mehr Bilder ist aber auch möglich. Jeder Bereich zeigt dabei entweder eine eigenständige Handlung oder ein und dieselbe Handlung aus unterschiedlichen Perspektiven. Split Screens werden normalerweise dazu genutzt, mehrere gleichzeitig stattfindende Handlungen abzubilden (siehe → **Kreuz-schnitt**). Split Screens erscheinen sehr künstlich und stören in auffälliger Weise die Illusion des Bildschirms als Fenster zur Realität.

Spülbecken-Realismus *(kitchen sink realism, kitchen sink drama)*

Ein Begriff, der eine britische Kunst- und → **Filmbewegung** beschreibt, die sich mit den wirtschaftlichen und familiären Umständen der britischen Arbeiterklasse beschäftigt. Die Figuren sind oft junge, wütende Menschen, die in Mietwohnungen in den armen Industriegebieten im Norden Englands wohnen. Der Name „Spülbecken-Realismus" kann auf ein Bild von John Bratby zurückgeführt werden, das ein solches Spülbecken zeigt. Der „Spülbecken-Realismus" ist eine Form des → **Sozialen Realismus**.

Standardbildformat *(standard aspect ratio)*

Ein → **Bildformat** mit einem Seitenverhältnis von 4 : 3 (d. h. 1,33 : 1). Der Rahmen des → **Bildes** ist somit 33 Prozent breiter als hoch. Dieses Seitenverhältnis war bis in die 1950er-Jahre maßgebend für das Format von TV-Bildschirmen.

Standbild *(motion still)*

Eine Fotografie oder ein Standbild eines einzelnen → **Bildes** aus einem Film. Standbilder werden dem fertigen Film entnommen und sind von → **Produktionsfotos** sowie von → **Pressefotos** zu unterscheiden, die zu Marketingzwecken am Drehort entstehen (und daher nicht Bestandteil des fertigen Films sind).
Siehe Fotos beim Eintrag → **Pressefoto.**

Standbild/Einfrieren *(freeze frame)*

Ein Spezialeffekt in einer Einstellung, der den Eindruck einer Pause in der Handlung vortäuscht und wie ein Standfoto wirkt. Dieser Effekt wird durch das wiederholte Aneinanderreihen des gleichen Einzelbildes mit einem → **optischen Drucker** (auch: optische Bank, engl.: *optical printer*)

oder auch beim digitalen Schnitt erreicht. Das eingefrorene Bild in einem Film unterscheidet sich als solches von der Möglichkeit eines Standbildes, wie sie mit der Pausenfunktion bei einem DVD-Spieler zu finden ist, die den Film an einer frei wählbaren Stelle pausiert und das Bild einfriert. Das Einfrieren wird oft in Kombination mit einem → **Voice-over** verwendet, der den Augenblick der Handlung zeitlich situiert oder die Gedanken oder Gefühle einer Figur kommentiert.

Standbildvergrößerung/Kadervergrößerung *(frame enlargement)*

Die Vergrößerung eines einzelnen → **Bildes** eines Films, normalerweise um bestimmte Aspekte der → **Kinematografie** oder der → **Mise-en-Scène** im Kontext von Filmstudien oder bei der Filmanalyse zu illustrieren. Oft wird eine Kadervergrößerung auch als → **Standbild** bezeichnet, obwohl ein solches nicht zwingend eine Vergrößerung sein muss.

Statische Einstellung, statische Kamera *(static shot)*

Eine Einstellung ohne jegliche → **Kamerabewegung**, bei der die fixierte Kamera bewegungslos verharrt. In den meisten Fällen ist die Kamera dabei auf einem → **Dreibeinstativ** (oder einem ähnlichen Hilfsmittel) montiert. Lange statische Einstellungen helfen dem Zuschauer dabei, auch sehr kleine Veränderungen in der → **Mise-en-Scène** zu bemerken. In Abhängigkeit vom Kontext können statische Einstellungen entweder positive oder neutrale Gefühle vermitteln, wie Ruhe, Nachdenklichkeit oder Sicherheit, oder sie erzeugen einen eher negativen Eindruck, zum Beispiel von Stagnation oder Beklemmung. Verwendet ein Regisseur statische Einstellungen sehr häufig, können sie Teil seiner persönlichen Handschrift bzw. seines besonderen visuellen Stils werden (z. B. bei Jim Jarmusch und Peter Greenaway).

Statische Kamera *(static camera)*
Siehe → **Statische Einstellung**.

Steadicam

Ein stabilisierendes Gerüst für eine Filmkamera, die den Kameramann mechanisch von der Bewegung der Kamera isoliert und so sehr weiche Bewegungen erlaubt, auch dann, wenn der Kameramann sich schnell über unebenes Terrain bewegt. Auf diese Weise kann der Kameramann die Steadicam überallhin mitführen, ohne dass die Einstellung springt oder wackelt wie bei einer → **Handkamera**. Die Steadicam wurde 1976 von ihrem Erfinder, Kameramann Garrett Brown, erstmals der Öffentlichkeit präsentiert. Einen ersten Durchbruch hatte die Steadicam in John G. Avildsens Film *Rocky*, aus demselben Jahr, und in Stanley Kubricks Film *Shining*. Steadicam ist ein registriertes Warenzeichen der Tiffen Company.

Steadicam und Kameramann
vor einer Menschenmenge

Stereotyp *(stereotype)*

Eine verallgemeinernde Vorstellung von einer sozialen oder kulturellen Gruppe. Stereotype zeichnen sich besonders dadurch aus, dass sie oft karikaturartig übertrieben sind und einer ganzen Gruppe manchmal völlig falsche Verhaltensweisen oder Persönlichkeitseigenschaften zuschreiben, weil diese bei einzelnen Angehörigen dieser Gruppe besonders aufgefallen sind. Im Gegensatz zu Vorurteilen sind Stereotype nicht zwingend negativ, allerdings reduzieren sie die Vielschichtigkeit und Wandelbarkeit menschlicher Eigenschaften, weshalb sie häufig der Identifikation oder Abgrenzung dienen.

Stil *(style)*

Ein deutlich wiedererkennbares Muster in den genutzten Techniken, den visuellen Merkmalen der → **Mise-en-Scène** und der visuellen Gesamtkomposition, das entweder einen Einzelfilm oder eine ganze Gruppe von Filmen kennzeichnet. Diese unverwechselbaren Merkmale helfen, einen Film einem bestimmten → **Regisseur**, → **Kameramann**, → **Cutter**, einem Filmkünstler oder einer bestimmten → **Filmbewegung** zuzuordnen.

Stop-Motion-Animation *(stop-motion cinematography)*

Eine Animationstechnik, die von Hand manipulierte Objekte wirken lässt, als würden sie sich bewegen oder ihre Form verändern. Ein Objekt wird dabei zwischen zwei einzeln fotografierten Bildern immer ein kleines Stück bewegt oder in seiner Gestalt variiert. Werden die dabei entstehenden Einzelbilder später nacheinander abgespielt, erzeugt dies, ähnlich wie bei einem Daumenkino, die Illusion fortlaufender Bewegung oder Veränderung.

Storyboard

Das Storyboard ist eine Serie von Illustrationen oder Bildern, die den groben Ablauf einer → **Szene** skizziert und einen Überblick über wichtige Einstellungen gibt. Außerdem werden auf dem Storyboard kurze Beschreibungen oder Notizen zur technischen Umsetzung festgehalten, wie beispielsweise die geplante → **Einstellungsgröße** oder die → **Kameraperspektive**. Ein Storyboard dient dazu, den späteren Film vorab zu visualisieren.

Streulinse, Diffusor *(diffuser)*

Eine spezielle Kameralinse (siehe auch → **Spezialeffekt**), die das Erscheinungsbild von Personen oder Objekten optisch → **weichzeichnet** (durch Auflösung kontrastreicher Bereiche) und so eine Art traumhaften Schleier produziert.

Struktur *(structure)*

Die Anordnung der einzelnen Teile (z. B. → **Szenen**, → **Sequenzen**) eines narrativen Films innerhalb der zeitlichen und räumlichen Bezüge der Geschichte. Die Struktur eines Films macht klar, wie einzelne Teile der Handlung in Beziehung zueinander stehen und welche Bedeutung sie innerhalb der Gesamthandlung haben.

Studio

1. Studio-Ära: Eine Periode der amerikanischen Filmgeschichte, die ungefähr Ende der 1920er-Jahre begann und bis in die späten 1940er-Jahre andauerte. In dieser Zeit produzierten große Produktionsfirmen eine Vielzahl von Filmen in verschiedenen Filmstudios in Hollywood, wobei eine fast fabrikähnliche Arbeitsteilung bestand. Innerhalb dieser Struktur war jeder Mitarbeiter sehr spezialisiert und hatte seinen eigenen, sehr begrenzten Arbeitsbereich. Die kreative Arbeit lag dabei in den Händen weniger älterer Studiodirektoren (die nicht zwingend auch Filmregisseure waren oder über besondere kreative Begabungen verfügten). Diesem System der Filmproduktion entstammt eine lange Reihe weitgehend gleichförmiger → **Genre**-Filme.
2. Ein Filmstudio ist eine kontrollierte Umgebung (innen und außen), die den speziellen Erfordernissen einer Filmproduktion angepasst ist. Siehe auch → **Kulisse**.

Stummfilm *(silent film)*

Ein Film ohne synchronisierten oder aufgenommenen Ton, insbesondere ohne gesprochenen Dialog. Stattdessen wird die Geschichte mithilfe von (oft übertriebenen) Gesten, pantomimenartigem Schauspiel und → **Zwischentiteln** vermittelt. Die Stummfilm-Ära endete in den späten 1920er-Jahren mit der Entwicklung neuer Techniken zur Tonaufnahme.

Subjektive Kamera *(subjective camera)*

Eine Kamera bzw. eine Kameraeinstellung, die den Zuschauer direkt in die Handlung einbezieht, sodass er das Gefühl bekommt, unmittelbar an der Atmosphäre teilzuhaben. Eine subjektive Kamera ist normaler-  weise sehr nah an einem Charakter positioniert, sodass es dem Zuschauer leichtfällt, dessen Gefühle und Gedanken mitzuempfinden. Um diesen Effekt zu erreichen und aufrechtzuerhalten, vollzieht die Kamera viele → **Schwenk-** und → **Kippbewegungen**, um den Blick und die Bewegungen einer Person zu simulieren, die unmittelbar an der Situation beteiligt ist.

Den stärksten Effekt erzielt die subjektive Kamera während einer Point-of-View-Einstellung, in der die → **subjektive Sicht** eines Charakters abgebildet wird. Das Gegenteil der subjektiven Kamera ist die → **objektive Kamera**.

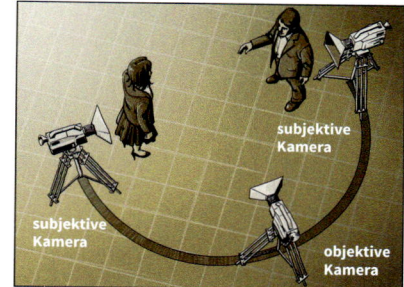

Vereinfachte Darstellung von subjektiver und objektiver Kamera

Subjektive Sicht/Subjektive Einstellung *(point-of-view-shot)*

Eine Einstellung, in der der Zuschauer zeitweise den Blick eines Charakters oder einer Gruppe teilt. Dies wird erreicht, indem die Kamera auf der ungefähren Position zumindest eines der Augen eines Charakters positioniert ist.

Subjektive Einstellungen werden vor allem dazu genutzt, die emotionale oder gedankliche Identifikation mit dem Charakter zu erleichtern oder manchmal sogar zu erzwingen.

Vor oder nach der subjektiven Einstellung erfolgen in der Regel ein → **Schnitt** und eine weitere → **Einstellung**, die den Charakter zeigt, wie er in eine bestimmte Richtung blickt. Die subjektive Einstellung ist also meist Bestandteil einer Kombination mehrerer Einstellungen.

Die subjektive Einstellung ist dem → **Blickachsenanschluss** sehr ähnlich. Da beide Varianten zeigen, was ein Charakter sieht, kann die subjektive Einstellung sogar als eine spezielle Form des Blickachsenanschlusses verstanden werden. Allerdings besteht ein Unterschied hinsichtlich des zur Verfügung stehenden Gestaltungsfreiraums. Subjektive Einstellungen sollen die Sicht des Charakters möglichst exakt abbilden,

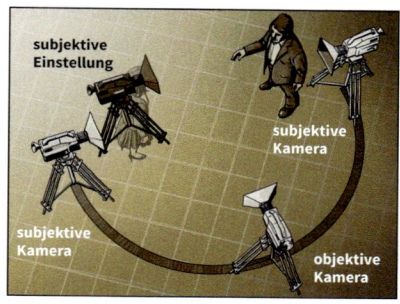

Vereinfachte Darstellung von objektiver und subjektiver Kamera und der subjektiven Sicht

während bei Blickachsenanschlüssen auch schon mal etwas mehr Raum gezeigt wird, als zu diesem Zweck nötig wäre. Bei Blickachsenanschlüssen kann deshalb auch die → **Perspektive** leicht von der eigentlichen Position des Charakters abweichen.

Um eine subjektive Sicht möglichst glaubhaft erscheinen zu lassen, müssen die verschiedenen kameratechnischen Aspekte, wie → **Einstellungsgrößen** und Kameraperspektiven, sehr sorgsam aufeinander abgestimmt werden. Bildet eine subjektive Einstellung die Sicht eines sich bewegenden Charakters ab, sollten die → **Bewegungen** der Kamera den natürlichen Bewegungsabläufen des Charakters möglichst genau entsprechen (z. B. die subjektive Einstellung aus der Sicht eines laufenden Hundes).

Surrealismus *(surrealism)*

Eine europäische Filmbewegung der → **Avantgarde** der 1920er- und 1930er-Jahre. Die surrealistische Filmkunst stand unter dem Einfluss freudianischer und marxistischer Ideen, Hauptkennzeichen ist die Darstellung besonders irrationaler → **Schauplätze** und Objektrelationen. Einer der bedeutsamsten Filme der surrealistischen Bewegung ist *Ein andalusischer Hund* (Originaltitel: *Un chien andalou*) von Luis Buñuel und Salvador Dalí (1929). Der Surrealismus mit seinen Ideen und Techniken wird meist in Verbindung mit dem Einfluss gesehen, den er auf die späteren → **experimentellen** Filmemacher hatte. Aber auch heute enthalten viele Filme und Musikvideos surrealistische Elemente.

Symbol

Ein beliebiges Zeichen, dem eine allgemein gebräuchliche Bedeutung zugeschrieben wird und das für etwas steht, das nicht sichtbar oder sehr abstrakt ist, wie zum Beispiel eine Idee, ein Konzept oder ein bestimmtes Objekt.

Synchronisation, Nachvertonung *(dub, dubbing)*

Der Prozess des Hinzufügens von Tönen und Geräuschen nachdem der Film gedreht wurde (z. B. während der → **Postproduktion**). Im Normalfall beschreibt der Begriff das Ersetzen der Stimmen der Schauspieler, die auf der Leinwand zu sehen sind, durch Stimmen von anderen Sprechern (Synchronsprechern), die oftmals eine andere Sprache sprechen, da viele Filme für den fremdsprachigen Markt in der lokalen Sprache synchronisiert werden. Musik wird ebenfalls normalerweise synchronisiert nachdem die → **Montage**, bzw. der Schnitt des Films abgeschlossen ist.

Szene *(scene)*

Eine Serie aufeinanderfolgender → **Einstellungen** in einem narrativen Film, die den Eindruck einer zusammenhängenden Handlung erwecken. Szenen spielen meist an einem festen Ort zu einer festen Zeit; häufig werden dabei die Charaktere der Handlung beibehalten. Manchmal kommt es vor, dass eine einzelne Szene mehrere Handlungsstränge enthält, die sich an unterschiedlichen Orten, zum Teil auch zu unterschiedlichen Zeiten abspielen. In diesem Fall werden die verschiedenen Handlungsstränge mithilfe eines → **Kreuzschnitts** oder durch → **Parallelmontage** miteinander verbunden.

Mehrere miteinander zusammenhängende Szenen können eine → **Sequenz** ergeben. Innerhalb einer Sequenz können einzelne Szenen auch an unterschiedlichen Orten und zu verschiedenen Zeiten spielen. Wird eine komplette Szene innerhalb einer einzelnen Einstellung abgebildet, spricht man von einer → **Plansequenz**. Das Ende einer Szene wird häufig durch einen Orts- oder Zeitwechsel angezeigt.

Tag-als-Nacht-Aufnahme *(day-for-night shooting)*
Eine veraltete kinematografische Technik zur Simulation von Nachtaufnahmen, bei der spezielle Filter benutzt werden, die das Filmen nächtlicher Szenen bei Tageslicht ermöglichen. Auch bekannt als *nuit américaine* („amerikanische Nacht").

Technik *(technique)*
Jeder Aspekt oder jede Prozedur beim Filmemachen, die manipuliert werden kann, um dadurch eine spezielle Aktivität oder Aufgabe zu vollziehen.

Teleobjektiv *(telephoto lens)*
Ein Teleobjektiv (bzw. ein → **Zoomobjektiv**, das auf maximale → **Brennweite** eingestellt ist) hat einen kleinen Bildwinkel und lässt Objekte näher an der Kamera erscheinen, als es bei einem → **Normalobjektiv** der Fall wäre. In anderen Worten: Weit entfernte Objekte werden optisch vergrößert bzw. näher an die Kamera herangeholt. Zwar gibt es keine feste Definition dafür, ab wann genau ein Objektiv als Teleobjektiv gelten kann, im Allgemeinen wird aber bei Objektiven mit einer Brennweite von über 60 mm von Teleobjektiven gesprochen (für Kameras, die 35 mm Filmmaterial oder einen äquivalenten digitalen Sensor benutzen). Die obere Grenze liegt bei ungefähr 1200 mm Brennweite. Teleobjektive verfügen über die entgegengesetzten optischen Eigenschaften wie → **Weitwinkelobjektive**.

Teleobjektiv

Ein mit einem Teleobjektiv aufgenommenes Foto

Lange Linsen haben den Effekt, die Bildtiefe optisch zu komprimieren, also kleiner erscheinen zu lassen, als sie in Wirklichkeit ist. In Aufnahmen mit einem Teleobjektiv erscheinen Objekte nahe der Kamera und Objekte, die mit einigem Abstand zur Kamera positioniert sind, ungefähr gleich weit entfernt zu sein. Teleobjektive haben einen geringen → **Schärfentiefebereich**, wodurch Aufnahmen mit einer selektiven Unschärfe auf einzelnen Bildebenen möglich sind (siehe → **Geringe Tiefenschärfe**). Bewegungen auf die Kamera zu oder von ihr weg erscheinen besonders langsam und sind daher weniger auffällig.

Tempo *(pace)*

Das Tempo, in dem die Ereignisse eines Films erzählt werden. Die Art, wie die Zuschauer das Tempo wahrnehmen, ist verhältnismäßig subjektiv, kann aber auf verschiedene Weisen beeinflusst werden, zum Beispiel durch den → **Schnitt** (z. B. → **schneller Schnitt** oder → **langsamer Schnitt**) oder die Intensität der → **Kamerabewegung**.

Tiefe *(deep space, deep staging)*

Ein → **Filmstil**, bei dem verschiedene bedeutsame Bildelemente sowohl nahe der Kamera als auch weiter von dieser entfernt positioniert sind. In solchen Einstellungen steht den Charakteren also besonders viel Raum zur Verfügung, manchmal sogar so viel, dass sie innerhalb einer weiten  Umgebung kaum noch zu erkennen sind. Eine besondere Bildtiefe wird vor allem dadurch erzielt, dass der Raum entlang einer langen z-Achse nach hinten hin geöffnet wird. Meist wird Tiefe mit → **großer Tiefenschärfe** kombiniert, wodurch Objekte auf verschiedenen Tiefenebenen (d. h. im Vordergrund, Mittelgrund und Hintergrund) gleichzeitig → **fokussiert** werden.
Eine notwendige Voraussetzung ist dies aber nicht. Das Gegenteil von Tiefe ist → **Untiefe**.

Timelapse-Aufnahme *(time-lapse cinematography)*

Eine Filmtechnik, bei der die einzelnen → **Bilder** deutlich langsamer aufgenommen werden als gewöhnlich (z. B. in regelmäßigen Intervallen, nur ein Bild pro Minute oder alle 24 Stunden), sodass zwischen den einzelnen Bildern noch andere Handlungen und Ereignisse stattfinden können. Auf diese Weise kann der Zuschauer Zeuge von Ereignissen werden, die von ihrer realen Handlungszeit (Tage oder Stunden) auf nur wenige Sekunden oder Minuten komprimiert wurden. Timelapse-Aufnahmen werden oft in Naturdokumentationen verwendet, beispielsweise um das Aufblühen einer Blume, den Sonnenuntergang oder sich bewegende Wolken zu zeigen. Sie können auch als eine Extremform des → **Zeitraffers** verstanden werden.

Ton *(Geräusche und Musik, sound and music)*

Die Gestaltung des Tons nimmt bei der → **Produktion** eines Films, sowohl während des Drehs als auch in der → **Postproduktion**, relativ viel Zeit in Anspruch. Beim Ton unterscheidet man zwischen → **diegetischer** Musik und Geräuschen, die in der Film- welt selbst erzeugt werden, und → **nicht-diegetischer** Musik und Geräuschen, die dem Film von außerhalb hinzugefügt werden. Alle Ereignisse, die prinzipiell von den Figuren in einem Film wahrgenommen werden können, gehören zur Diegese. Im Falle des Tons wären das zum Beispiel gesprochene Worte, der Knall einer Explosion oder die Livemusik, die während eines Barbesuchs im Hintergrund ertönt. Alle akustischen Effekte, die zwar von den Zuschauern gehört werden, aber nicht unmittelbar zur Handlung bzw. zur Geschichte gehören, werden hingegen als nicht-diegetisch be- zeichnet. Dazu gehören zum Beispiel ein → **Voice-over** oder Musik, deren Quelle nicht in der Filmwelt zu finden und somit nur von den Zuschauern zu hören ist. Nicht-diege- tische Musik und Geräusche werden oft genutzt, um bestimmte Stimmungen zu er- zeugen oder um dem Handlungsgeschehen eine weitere Interpretations- oder Bedeu- tungsebene hinzuzufügen.

Diegetischer Ton kann unterteilt werden in:

- → **Atmo**: Die spezifische Geräuschkulisse eines Schauplatzes, die offenbar inner- halb der Filmwelt produziert wird, aber eher im Hintergrund wahrzunehmen ist, wie das Rauschen des Windes in den Zweigen, das Rascheln der Blätter, die Geräu- sche, die von einer Menschenmenge ausgehen, Verkehrslärm etc.
- → **Onscreen-Ton**: Jede Musik und alle Geräusche, deren Quelle innerhalb des momentanen Filmbildes (Kaders) zu sehen ist.
- → **Offscreen-Ton**: Jede Musik und alle Geräusche, deren Quelle momentan zwar außerhalb des Filmbildes (Kaders) liegt, aber dennoch innerhalb der Filmwelt existiert.

Zusätzlich gibt es folgende Kategorien:

- Sprache: Alle Dialoge und Monologe, gesprochene oder gerufene Worte, Schreie und zum Teil auch Gesang (sofern dieser nicht zur Musik zu zählen ist).
- → **Toneffekte**: Alle Geräusche, die nicht zur Musik gehören und keine Sprache sind, aber relativ präsent wahrgenommen werden können, wie das Knallen einer Tür, das Geräusch von Schritten auf Asphalt oder das Heulen einer Polizeisirene. Toneffekte stammen nicht zwingend aus der Diegese, sondern können auch, zum Beispiel zum Erzeugen von Spannung, von außen hinzugefügt werden.
- → **Tonspur/Tonarrangement**: Die komplette Klang- und Geräuschkulisse des Films, inklusive Sprache, aller Geräusche und Musik.

- → **Filmmusik**: Der musikalische Teil der Tonspur. Filmmusik kann ihren Ursprung in der Diegese haben, oft werden einzelne Szenen aber von außen noch durch eine Musikspur ergänzt, um für den Zuschauer eine bestimmte Atmosphäre zu schaffen.

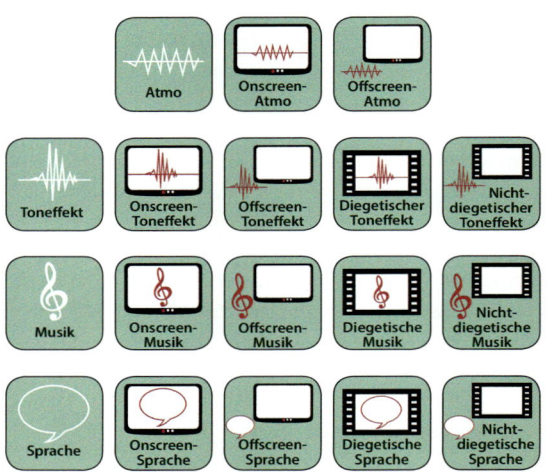

Toneffekte *(sound effect)*

Alle Geräusche, die nicht zur Musik gehören und keine Sprache sind, aber relativ präsent wahrgenommen werden können, wie das Knallen einer Tür, das Geräusch von Schritten auf Asphalt oder das Heulen einer Polizeisirene. Toneffekte stammen nicht zwingend aus der → **Diegese**, sondern können auch, zum Beispiel zum Erzeugen von Spannung, von außen hinzugefügt werden.

Tonspur/Tonarrangement *(soundtrack)*

Die komplette Klang- und Geräuschkulisse des Films, inklusive der Sprache, aller Geräusche und Musik.

Tönung *(tint)*
Eine Farbe, der Weiß zugefügt wurde. Siehe → **Farbhelligkeit**.

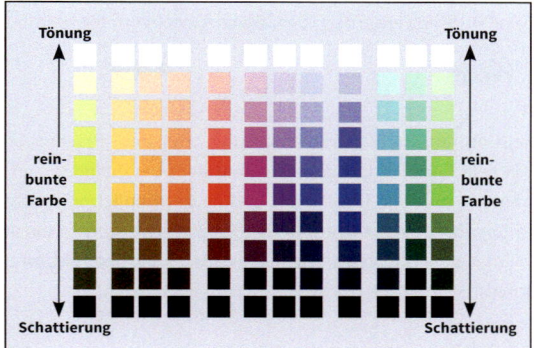

Totale *(long shot, LS)*
Diese Einstellungsgröße zeigt die komplette Person und die Umgebung, in der sie sich befindet. Dabei ist die Umgebung dominanter als die Person selbst. Trotzdem ist die Wichtigkeit der Person (oder des Objekts) nach wie vor höher als in einer weiten Einstellung. Eine Totale ist beson-

ders hilfreich, um die Bewegungen von Personen zu zeigen, ohne konstant neu kadrieren zu müssen (siehe → **Kadrage**), und um einen generellen Überblick über den → **Schauplatz** zu geben. Deshalb werden Totalen oft als → **Einführungseinstellung** genutzt, die eine Szene einleiten.
Für weitere Informationen siehe den Eintrag zu → **Einstellungsgrößen**.

Track back
Siehe → **Rückfahrt**.

Tracking (dt. „Fahrt, Fahren")
Die Ausführung einer → **Kamerafahrt**.

Trailer (Vorschau)
Ein Trailer ist eine kurze Zusammenstellung von Höhepunkten eines neu erscheinenden Langspielfilms zu Werbezwecken. Ursprünglich wurden solche Vorschauen am Ende eines Langspielfilms gezeigt (daher der Begriff Trailer von *to trail* für folgen, nachfolgen), während sie heutzutage vor dem Hauptfilm laufen. Trailer erzählen die Geschichte des Films möglichst kurz und kompakt (normalerweise mit → **schnellen**

Schnitten) und haben das Ziel, die Aufmerksamkeit des Zielpublikums bestmöglich zu erreichen. Aus diesem Grund konzentrieren sich Trailer meist auf die aufregendsten, visuell spektakulärsten und/oder lustigsten Einstellungen eines Films, möglichst ohne sogenannte Spoiler (Spielverderber), d. h. ohne zu viel von der Handlung vorwegzunehmen.

Treatment

Eine verdichtete literarische Zusammenfassung oder eine Präsentation der → **Geschichte** für ein geplantes Filmprojekt. Ein Treatment beinhaltet die grundsätzlichen Ideen, die Handlung und alle Charaktere und ist gewöhnlich in Prosaform verfasst (z. B. der erste Entwurf eines → **Drehbuchs**). Normalerweise wird ein Treatment genutzt, um ein Filmprojekt oder ein Skript im Zuge der → **Vorproduktion** zu vermarkten oder zu verkaufen.

Triadische Farben *(triadic colours)*

Eine harmonische Farbkombination aus drei Farben, die auf dem Farbkreis in einem Abstand von 120 Grad auseinanderliegen. Triadische Farben gehören immer der gleichen Ordnung im → **Farbkreis** an. Für weiterführende Informationen siehe → **Farbschema** und → **Analoge Farben**.

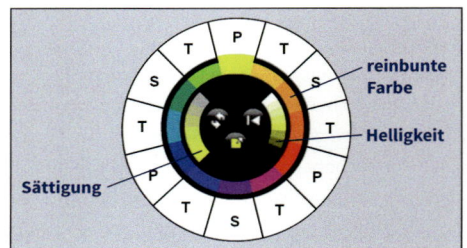

Überblendung *(transition)*

Eine Technik zum Verbinden zweier Einstellungen. Überblendungen können einer Szene zusätzliche Bedeutung geben. Einige übliche Überblendungen sind:

- → **Weiche Blende**
- → **Aufblende**
- → **Abblende**
- → **Wischblende**
- → **Unsichtbare Schnitte**

Ein Schnitt ohne spezielle Überblendungen wird als → **harter Schnitt** bezeichnet.

Über-die-Schulter-Einstellung *(over-the-shoulder shot)*

Eine Einstellung, die über die Schulter eines Charakters hinweg gefilmt wird, wobei der Rücken der Person dabei nur zum Teil (und oft → **unscharf**) am Bildrand zu sehen ist. Bis zu einem gewissen Grad kann eine Über-die-Schulter-Einstellung Subjektivität erzeugen, indem sich der Zuschauer mit der Person, deren Rücken gezeigt wird, identifiziert. Um eine → **subjektive Einstellung** im eigentlichen Sinne handelt es sich bei ihr aber nicht. Über-die-Schulter-Einstellungen erzeugen räumliche Kontinuität, indem sie zeigen, wie Personen relativ zueinander positioniert sind. Außerdem verstärken sie den Eindruck räumlicher Tiefe. Über-die-Schulter-Einstellungen werden oft innerhalb des → **Schuss-Gegenschuss-Verfahrens** eingesetzt. Weil Über-die-Schulter-Einstellungen häufig in einem Atemzug mit der → **Kontinuitätsmontage** genannt werden, erscheint es vielleicht erstaunlich, dass sie, genau genommen, eher dem Bereich der → **Mise-en-Scène** zuzuordnen sind.

Überlappende Bewegung/Überlappende Montage *(overlapping action)*

Eine Ausdehnung der Zeit mittels Montage, entweder durch das → **Zwischenschneiden** von → **Einstellungen** mehrerer paralleler Handlungsstränge oder auch durch das wiederholte Zeigen des Geschehens aus verschiedenen → **Kameraperspektiven**. Weil diese kinematografische Methode die gewohnte Wahrnehmung von Zeit des Zuschauers empfindlich stört, wird sie eher mit → **Experimentalfilmen** in Zusammenhang gebracht.
Die überlappende Montage kann aber, sofern sie unauffälliger eingesetzt wird, auch in herkömmlichen Spielfilmen eingesetzt werden, um Zeit zu dehnen oder eine Bewegung besonders zu betonen und so dramatische Effekte zu erzielen. In diesen Fällen wird eine überlappende Montage oft mit einer → **Zeitlupe** kombiniert.

Umschärfung *(pull focus)*
Siehe → **Schärfeverlagerung**.

Unabhängiger Film („Independent-Film", *independent film*)

Ein Film, der außerhalb des kommerziellen Mainstreams des → **klassischen Hollywood-Kinos** und der großen → **Studios** entstanden ist. Normalerweise steht den Machern solcher Filme nur ein geringes Budget zur Verfügung (→ **Low-Budget-Film**), weswegen unabhängige Filmproduktionen normalerweise ohne teure Spezialeffekte oder andere Produktionskosten auskommen müssen und das Team und die Schauspieler nur eine geringe oder gar keine Gage bekommen. Einige unabhängige Filme werden von den → **Regisseuren** selbst produziert, besonders wenn Finanzierungen von anderer Seite eher unsicher sind. Manchmal verzichtet auch der gesamte Stab auf eine Gage oder akzeptiert eine viel geringere Bezahlung als üblich, da die Mitarbeiter hinter dem Projekt stehen und von dessen Erfolg überzeugt sind. Filme dieser Art werden an kostengünstigen → **Originaldrehorten** oder in unabhängigen Studios gedreht, die weniger Mietkosten verlangen. Da unabhängige Filmemacher nicht abhängig davon sind, hohe Profite zu machen, um hohe Produktionskosten wieder einzuspielen, haben sie mehr Freiheiten in der Wahl der Themen und des filmischen Stils. Dadurch tendieren diese Filme dazu, → **experimenteller** und kontroverser zu sein als klassische Hollywood-Produktionen.

Seit den 1990er-Jahren sind unabhängige Filmproduktionen immer beliebter geworden, was dazu führte, dass viele Hollywood-Studios wiederum anfingen, unabhängige Produktionen zu unterstützen. Aus diesem Grund tendieren viele unabhängige Filme dazu, sich wieder dem kommerziellen Hollywood-Kino anzunähern, und wirken mittlerweile sehr viel professioneller. Eine wichtige Konsequenz, die sich daraus ergibt, ist die, dass es für Filmemacher immer schwieriger wird, komplett unabhängig zu produzieren und die großen Produktionsstudios außen vor zu lassen.

Undergroundfilm

Umgangssprachliche Bezeichnung für einen (normalerweise mit geringem Budget ausgestatteten) nicht-kommerziellen Film, der oft → **experimentell** ist.

Ungleichgewicht *(imbalance)*

Ein Aspekt der → **Mise-en-Scène**, der einen Zustand des → **kompositorischen** Ungleichgewichts bzw. einer Unausgewogenheit beschreibt. Ein Ungleichgewicht kann mit verschiedenen Mitteln erreicht werden, beispielsweise durch eine asymmetrische Präsenz und Anordnung von Personen oder Gegenständen, Farben, Licht oder angedeuteten Formen. Gegenteil von → **Gleichgewicht**.

Unrealistischer Schauplatz *(nonrealistic setting)*

Schauplatz, der Lebensumstände und Handlungsräume abbildet, die so oder so ähnlich keine Entsprechung in der Wirklichkeit haben oder hatten. Um unrealistische Schauplätze darzustellen, werden oft besonders künstlich anmutende → **Originaldrehorte** gewählt oder eigene → **Kulissen** entworfen. Unrealistische Schauplätze sind zum Beispiel ein verzauberter Wald mit fantastischen Pflanzen und einem Hexenhaus in einem Märchenfilm oder ein fremder Planet in einem Science-Fiction-Film. Siehe auch → **Realistischer Schauplatz**.

Unschärfe *(out-of-focus)*

Gegenteil von „im → **Fokus**". Ein Gegenstand, der außerhalb des Fokusbereichs liegt, wird nicht scharf dargestellt, sodass Konturen und Details verschwommen und unklar erscheinen. Dieser unscharfe Bereich eines Bildes wird auch → **Bokeh** genannt. Mithilfe einer speziellen Technik, der sogenannten → **geringen Tiefenschärfe**, können besonders große Bereiche unscharf abgebildet werden. Oft wird Unschärfe genutzt, um darzustellen, dass die Wahrnehmung eines Charakters eingeschränkt ist (z. B. im Drogenrausch) oder sich gerade verändert (jemand fällt in Ohnmacht).

Unsichtbarer Schnitt/Verdeckter Schnitt *(hidden cut)*

Ein Schnitt, der vom Zuschauer nicht gesehen werden soll. Dies wird erreicht, indem sich die Kamera am Ende einer Einstellung zunächst so nah an ein bestimmtes Objekt heranbewegt oder → **zoomt**, dass es den gesamten Kader ausfüllt. Der einheitlich gefärbte Bildraum ergibt dann die Möglichkeit für einen Schnitt, woraufhin sich die Kamera wieder von dem Objekt (oder einem, das so ähnlich aussieht) wegbewegt oder herauszoomt. Anstelle einer → **Kamerabewegung** oder eines Zooms entstehen Gelegenheiten für verdeckte Schnitte auch durch sich bewegende Objekte oder Charaktere, die für einen kurzen Moment den kompletten Bildraum bedecken. In gewisser Weise ist der verdeckte Schnitt eine Art → **Auf- und Abblende**, wobei die Überblendung schon während des Drehs entsteht (und nicht erst nachträglich im → **Schnitt**).

Untersicht *(low angle)*

Eine Einstellung, die aus einer Höhe unterhalb der Augenhöhe einer Figur aufgenommen wurde. Die Perspektive von unten erzeugt optische Verzerrungen, die den unteren Teil einer Figur oder eines Objekts besonders groß und den oberen Teil und die Extremitäten kleiner und kürzer erscheinen lassen. Die Bedeutung der Person wird im Vergleich zu ihrem Hintergrund erhöht und sie scheint sich über dem Objektiv aufzutürmen, wodurch sie auf den Zuschauer sehr bedrohlich wirken kann. Je näher die Kamera der Person ist (siehe → **Ein-**

stellungsgrößen), desto mehr identifiziert sich der Zuschauer mit ihr, weil die Gesichtszüge aus einer Untersicht dramatischer wirken. Für weitere Informationen siehe die Einträge zu → **Kamerawinkel**, → **Vogelperspektive**, → **Aufsicht**, → **Augenhöhe**, → **Froschperspektive** und → **Gekippter Winkel**.

Untiefe *(flat space)*

Eine bestimmte Art der → **Mise-en-Scène**, in der der zur Verfügung stehende Raum so auffallend stark begrenzt ist, dass die Charaktere kaum Bewegungsfreiheit haben. Die beste Möglichkeit, um diesen Effekt zu erzielen, ist eine Limitierung des Raumes entlang der z-Achse (Tiefenachse), zum Beispiel indem ein Charakter vor einer Wand stehend gefilmt wird. Das Gegenteil von Untiefe ist → **Tiefe**.

V

Vektoren *(vectors)*

Vektoren sind Wirkungskräfte, die den Blick des Betrachters innerhalb eines Einzelbildes oder einer Einstellung in eine bestimmte Richtung lenken. Es werden drei Arten von Vektoren unterschieden:

Indexvektor

1. **Indexvektoren:** Alle Bildelemente, die klar dazu dienen, den Blick zu lenken, indem sie eindeutig in eine bestimmte Richtung oder auf ein bestimmtes Subjekt oder Objekt zeigen, wie zum Beispiel ein Wegweiser. Indexvektoren sind die auffälligsten Vektoren.

2. **Bewegungsvektoren:** Vektoren, die sich aus sich bewegenden Objekten oder Subjekten ergeben, wie zum Beispiel ein

Bewegungsvektor

Bus, der von links nach rechts durch das Bild fährt.

3. **Grafische Vektoren:** Objekte, die aufgrund ihrer Beschaffenheit oder Positionierung in eine bestimmte Richtung zu weisen scheinen, wie zum Beispiel hohe Wolkenkratzer oder ein Weg, der das Bild horizontal durchquert.

Grafischer Vektor

Verfolgungsfahrt
(selten: verfolgende Einstellung, *following shot*)

Eine Einstellung, bei der die Kamera einer Person folgt, entweder hinter ihr oder neben ihr, und so deren Bewegungen während der Einstellung begleitet. Die daraus resultierende Bewegung kann durch → **Tracking**, eine → **Dolly-Fahrt** oder auch mit einer → **Handkamera** erreicht wer-

den, obwohl in den meisten Fällen eine → **Steadicam** die praktikabelste Option darstellt. In solchen Einstellungen wird die Kameraeinstellung, d. h. der scheinbare Abstand zwischen Kamera und Objekt, mehr oder weniger konstant beibehalten.

Verschnitt *(outtake)*

Filmmaterial, das aufgrund technischer Fehler nicht in der → **Endfassung** eines Films benutzt wird. Nicht zu verwechseln mit geschnittenen Szenen, die aus künstlerischen Gründen oder zur Reduzierung der Filmlaufzeit zum Ausschuss wurden. Heutzutage ist der Verschnitt oftmals unter dem englischen Begriff Outtakes im Bonusmaterial von DVDs oder Blu-rays zu finden.

Vertigo-Effekt *(Vertigo effect)*

Siehe → **Dolly-Zoom**.

Vertikalfahrt/Aufzugsfahrt *(boom)*

Eine Kamerabewegung, bei der die Höhe der Kamera über dem Boden (→ **Kamerahöhe**) verändert wird. Unterschieden werden Aufwärts- und Abwärtsbewegungen. Beide Kamerabewegungen ähneln dem → **Kippen/Neigen** und → **Schwenken**. Der Unterschied besteht allerdings darin, dass sich bei der Vertikalfahrt im Gegensatz zu den anderen beiden Techniken die → **Kameraperspektive** nicht ändert.

Vogelperspektive *(bird's-eye view)*
Siehe → **Extreme Aufsicht**.

Voice-over
Wenn die Stimme einer Person (oft eines Charakters) zu hören ist, obwohl diese Person in der gegenwärtigen → **Einstellung** gar nicht spricht, wird dies als Voice-over bezeichnet. Häufig wird ein Voice-over genutzt, um einen Einblick in die Gedanken und persönlichen Ansichten eines Charakters zu geben oder um ein Ereignis zu kommentieren, das in einer → **Rückblende** gezeigt wird. Ein Voice-over kann sowohl → **diegetisch** als auch → **nicht-diegetisch** sein. In letzterem Fall gehört die Stimme einem → **Erzähler**.

Vorausschau *(flash-forward)*
Eine Reihe von Einstellungen oder Szenen, die den normalen chronologischen Erzählfluss durchbrechen, um Ereignisse zu zeigen, die sich in der Zukunft abspielen. Die Vorausschau wird weniger häufig gebraucht als ihr Gegenteil, die → **Rückblende**.

Vorhandenes Licht *(available light)*
Das Beleuchtungsarrangement einer Szene richtet sich meist nach der „natürlichen" Beleuchtungssituation am Schauplatz einer Szene. Das vorhandene Licht beinhaltet somit alle Lichtquellen innerhalb der Filmwelt, wie Straßenlaternen, Tageslicht und alle Leuchtquellen, die darüber hinaus Bestandteil der → **Mise-en-Scène** sind. Grundsätzlich können alle Lichtquellen die Atmosphäre einer Szene mitbestimmen, insbesondere gehört dazu die Schaffung eines → **realistischen** oder eines → **unrealistischen Schauplatzes**. Zudem kann vorhandenes Licht mehr oder weniger an der Beleuchtung des Bildgegenstands beteiligt sein. Siehe auch → **Externes Licht**, → **Diegetisch** und → **Nicht-diegetisch**.

Vorproduktion *(preproduction)*
Die Vorbereitungsphase vor dem Filmdreh. In der Vorproduktion werden alle wichtigen Elemente, die für den Filmdreh benötigt werden, zusammengetragen. Wesentliche Vorgänge in der Vorproduktion sind zum Beispiel die Zusammenstellung des Filmteams (am Wichtigsten ist hierbei die Auswahl des → **Regisseurs** und des → **Kameramanns**) und das Casting der → **Schauspieler**. Außerdem wird das → **Drehbuch** auf einen arbeitsfähigen Stand gebracht und fertiggestellt, mögliche → **Drehorte** werden gesucht und → **Kulissen** gebaut, → **Requisiten** und → **Kostüme** werden zusammengetragen und bei Bedarf hergestellt. Ebenso gehört zur Vorproduktion die Planung der im Film genutzten → **Spezialeffekte**.

Vorsatzmalerei *(matte painting)*
Siehe → **Matte Shot**.

Weiche Blende *(lap dissolve)*

Bei dieser Art der Blende endet die erste Einstellung mit einer → **Abblen-**
de, während gleichzeitig die zweite Einstellung mit einer → **Aufblende**
beginnt und so beide Einstellungen sich kurzzeitig überlappen. Die wei-

che Blende ist der → **Abblende/Aufblende** sehr ähnlich, wobei der
Hauptunterschied darin liegt, dass kein kurzes einfarbiges Bild zwischen den beiden
aufeinanderfolgenden Einstellungen gezeigt wird, sondern beide nahtlos ineinander
übergehen. Beim → **Kontinuitätsprinzip** wird die weiche Blende vor allen Dingen verwendet, um eine temporale Diskontinuität zu markieren und zu zeigen, dass in der
Filmwelt Zeit vergangen ist.

Weicher Schnitt
Siehe → **Weiche Blende**.

Weiches Licht *(soft light, soft lighting)*

Begriff, der eine bestimmte Lichtqualität beschreibt. Weiches Licht ist eher diffus und
hat eine breite Streuung. Es hat die besondere Eigenschaft, weiche, fließende Über-
gänge zwischen schattigen und hellen Bereichen zu erzeugen. Außerdem lässt es raue
Oberflächen relativ glatt erscheinen und verleiht harten Kanten ein weiches Aussehen.
Personen, deren Gesichter mit weichem Licht ausgeleuchtet werden, wirken attrakti-
ver und jünger, weil Unebenheiten der Haut und Falten optisch ausgeglichen werden.
Für weiterführende Informationen siehe die Einträge → **Lichtqualität** und → **Hartes**
Licht.

Weichzeichner *(soft focus)*

Ein optischer Effekt, der für gewöhnlich mittels spezieller Linsen oder Filter erzeugt
wird. Mit einem Weichzeichner-Effekt versehene Bilder erscheinen verschwommen.
Technisch liegt diesem Effekt die sogenannte *sphärische Aberration* zugrunde, ein op-
tischer Abbildungsfehler, der dazu führt, dass sich die Kontraste zwischen einzelnen
Bildbereichen verringern, während scharfe Kanten beibehalten werden. Bei einem
Weichzeichner-Effekt handelt es sich nicht um eine → **unscharfe** Einstellung, weil er

im Gegensatz zu dieser nicht einfach durch eine Fokusverschiebung erzeugt werden kann. Ein Weichzeichner-Effekt verleiht einem Bild eine besonders sanfte Erscheinung, die normalerweise mit einer romantischen Stimmung in Zusammenhang gebracht wird.

Weit oder Panorama *(extreme long shot, ELS)*

Weit / Panorama

Eine Person oder ein Objekt, wenn nicht in irgendeiner Form verdeckt, wird sehr klein innerhalb des Panoramas seiner Umgebung gezeigt. Der Schauplatz oder die Landschaft sind daher das Hauptaugenmerk der Einstellung. Eine weite Einstellung (auch: Panorama) wird oft zur Einleitung einer Szene genutzt (siehe → **Einführungseinstellung**). Für weitere Informationen siehe → **Einstellungsgrößen**.

Weitwinkelobjektiv *(wide-angle lens)*

Weitwinkel-objektiv

Ein Weitwinkelobjektiv (bzw. ein → **Zoomobjektiv**, das auf sehr kleine → **Brennweite** eingestellt ist) hat einen größeren Bildwinkel als ein → **Normalobjektiv**.

Weitwinkelobjektive haben die Tendenz, Entfernungen zwischen Objekten optisch zu vergrößern und die → **Tiefenschärfe** zu erhöhen. Bei Kameras, die 35-mm-Filmmaterial bzw. einen äquivalenten digitalen Sensor benutzen, gilt eine Brennweite von 35 mm oder weniger als Weitwinkelobjektiv. Extreme Weitwinkelobjektive mit einer Brennweite von 16 mm oder weniger werden → **Fischauge** genannt. Weitwinkelobjektive verfügen über die entgegengesetzten optischen Eigenschaften wie → **Teleobjektive**.

Weitwinkelobjektive haben den Effekt, räumliche Tiefe bzw. Entfernungen besonders zu betonen. Eine Person im Hintergrund erscheint sehr klein, während eine Person im Vordergrund auffallend groß ins Bild hineinzuragen scheint. Je kürzer die Brennweite einer Linse ist, umso auffälliger werden die perspektivischen Verzerrungen. Weitwinkelobjektive erzeugen eine → **große Tiefenschärfe**, wodurch Aufnahmen mit einem großen → **Schärfentiefebereich** möglich werden. Bewegungen auf die Kamera zu oder von ihr weg erscheinen schneller als gewohnt und fallen daher besonders ins Auge.

Beispiel für die Verzerrung durch ein Weitwinkelobjektiv

Wiedereinführungseinstellung *(re-establishing-shot)*

Eine Einstellung, die den Zuschauer an die räumlichen Gegebenheiten einer Handlung erinnert und noch einmal die Positionen der Charaktere verdeutlicht. Die Wiedereinführungseinstellung richtet die Aufmerksamkeit der Zuschauer erneut auf den Handlungsort, der ihnen schon einige Zeit zuvor in einer → **Einführungseinstellung („establishing shot")** gezeigt wurde. Vor allem wenn ein Regisseur Einstellungen mit vielen nahen Einstellungsgrößen zeigt, wird er zwischenzeitlich Wiedereinführungseinstellungen nutzen, um dem Zuschauer die räumliche Orientierung zu erleichtern. Oft werden Wiedereinführungseinstellungen auch dazu genutzt, eine → **Szene** mit einem Überblick über den Ort der Handlung anzuschließen.

Wischblende *(wipe)*

Eine → **Überblendung** zwischen zwei → **Einstellungen**, bei der die erste Einstellung von der zweiten Einstellung aus dem Bild gewischt zu werden scheint. Dabei schiebt sich die zweite Einstellung in voller Größe aus einer Richtung in den Bildrahmen, bis sie diesen komplett ausfüllt, während dessen wird die erste Einstellung nach und nach und zuletzt vollständig von der neuen Einstellung verdeckt.

Zeitlupe *(slow motion)*

Bei einer Zeitlupe wirken alle Bewegungen auf dem Bildschirm langsamer als gewöhnlich. So scheint beispielsweise ein Taucher, dessen Absinken im Wasser in Zeitlupe aufgenommen wurde, besonders langsam und sanft hinabzugleiten, anstatt, wie es die Gesetze der Schwerkraft eigentlich vorgeben würden, verhältnismäßig schnell durchs Wasser zu „fallen". Es gibt verschiedene Möglichkeiten, eine Zeitlupe zu erzeugen, zum Beispiel indem eine Aufnahme mit mehr als den normalerweise üblichen 24 Bildern pro Sekunde aufgezeichnet wird (ein Prozess, der als Overranking bezeichnet wird) oder indem mit normaler Bildrate aufgezeichnetes → **Filmmaterial** langsamer abgespielt wird. Im modernen Film werden Zeitlupen recht häufig und in den meisten Genres (vom Drama bis zur Komödie) genutzt, zum Beispiel, um das → **Erzähltempo** zu verringern oder um die Dauer einer Handlung künstlich in die Länge zu ziehen, um ein Ereignis emotional aufzuladen oder die → **Spannung** in einer Szene zu erhöhen. Eine besondere Form der Zeitlupe wurde durch den Film *Matrix* bekannt, die sogenannte Bullet-Time (*bullet* = Projektil; *time* = Zeit). Hierbei handelt es sich um eine digital verstärkte Simulation einer Zeitlupe, bei der die Kamera (und damit der Standpunkt des Zuschauers) sich in normaler Geschwindigkeit durch den Raum bewegt, während die Handlung selbst verlangsamt dargestellt wird. Die der Zeitlupe entgegengesetzte Technik ist der → **Zeitraffer**.

Zeitraffer *(fast motion, accelerated motion)*

Ein effektiver Weg, in einem Film Zeit zu komprimieren. Durch die Nutzung von Zeitraffer erscheint eine Handlung schneller, als sie in der Realität ablaufen würde. Normalerweise, wenn keine Spezialeffekte benutzt werden, nimmt die Kamera mit 24 Bildern pro Sekunde auf. Um einen Zeitraffer zu kreieren, nimmt die Kamera Bilder mit geringerer Geschwindigkeit auf, als sie schließlich abgespielt werden (z. B. 16 Bilder pro Sekunde); die anschließende Projektion mit 24 Bildern pro Sekunde erhöht dann die Geschwindigkeit der gezeigten Handlung. Zeitraffer werden gerne in Komödien benutzt, können aber in dramatischen Situationen oder Naturdokumentationen ebenso effektiv sein. Vorgänge und Prozesse, die normalerweise subtil und schleichend passieren, wie die Bewegung der Sonne oder der Sterne am Himmel oder das Wachstum von Pflanzen, werden durch Zeitraffer deutlich akzentuiert. Eine extreme Variante des Zeitraffers ist die → **Timelapse-Aufnahme**. Das Gegenteil von Zeitraffer ist → **Zeitlupe**.

Zoom

Das Verändern der → **Brennweite** während einer Einstellung, wodurch sich die Distanz zu einer Person oder einem Objekt scheinbar verändert. Technisch werden Zooms mithilfe spezieller → **Zoomobjektive** ausgeführt. Zooms werden manchmal anstelle einer → **Kamerafahrt** eingesetzt. Zwar vermitteln sowohl Zoom als auch Kamerafahrt den Eindruck, dass sich die Distanz zur gefilmten Person oder zum gefilmten Objekt verändert, allerdings unterscheiden sich die beiden Techniken stark in der Art und Weise, wie sie Räumlichkeit bzw. räumliche Verhältnisse abbilden. Diese Unterschiede sind vor allem darauf zurückzuführen, dass sich die Kamera bei einer Fahrt aktiv durch den Raum bewegt, während sie bei einem → **Zoom** eine feste Position beibehält. Zu beachten ist vor allem das räumliche Verhältnis der gefilmten Person oder des gefilmten Objekts zum Hintergrund: Beim Zoom bleiben die relativen Größen und Positionen aller Elemente im Bildrahmen gleich, während sie sich bei einer Fahrt verändern. In anderen Worten, ein Zoom verändert die Perspektive nicht, eine Fahrt schon. Ergänzend ist hinzuzufügen, dass ein Zoom keine Entsprechung im menschlichen Sehen hat, während eine Kamerafahrt die gleichen perspektivischen Veränderungen zeigt, die ein Mensch wahrnimmt, wenn er sich durch den Raum bewegt. Beim Zoom sind zwei Bewegungsrichtungen möglich, das → **Heranzoomen** und das → **Herauszoomen**.
Die Kombination aus Zoom und Kamerafahrt wird → **Dolly-Zoom** genannt.

Zoomeinstellung *(zoom shot)*

Eine Einstellung, bei der eine Person oder ein Objekt, eine Szenerie oder eine Handlung mithilfe eines → **Zoomobjektivs** optisch näher herangeholt (siehe → **Heranzoomen**) oder verkleinert (siehe → **Herauszoomen**) wird.

Zoomobjektiv *(zoom lens)*

Eine Linse mit justierbarer → **Brennweite**, welche während einer → **Einstellung** verändert werden kann. Zoomobjektive mit variabler Brennweite erlauben das → **Heranzoomen** und das → **Herauszoomen**. Beim Heranzoomen wird ein Objekt vergrößert, wobei gleichzeitig die verschiedenen Tiefenebenen des Bildes abgeflacht werden, indem sie näher zusammenrücken. Beim Herauszoomen erscheint das Objekt hingegen zunehmend kleiner, während das Bild optisch an Tiefe gewinnt. Eine Einstellung, bei der die Brennweite mithilfe eines Zoomobjektivs verändert wird, wird als → **Zoomeinstellung** bezeichnet.

Zweiereinstellung *(two shot)*

Jede Einstellung, die zwei Personen zeigt, wird als Zweiereinstellung (oder kurz „Zweier") bezeichnet, ganz gleich *wie* die Personen im Bild arrangiert sind (z. B. die → **Einstellungsgröße** oder die → **Kameraperspektive**). Analog zur Zweiereinstellung werden in einer → **Dreiereinstellung** drei Personen in einer Einstellung gezeigt. Die Zweiereinstellung spielt eine besondere Rolle in dramatischen Begegnungen (z. B. einem Duell) und in Dialogen.

Zwischenschneiden *(to intercut, intercutting)*

Eine Schnitttechnik, bei der zwischen Handlungssträngen hin- und hergeschnitten wird, um den Eindruck zu erwecken, sie liefen gleichzeitig (siehe → **Kreuzschnitt**) oder zu verschiedenen Erzählzeiten (→ **Parallelmontage**) ab.

Zwischenschnitt *(cutaway)*

Eine kurze Einstellung, die die aktuelle Handlung unterbricht, um eine andere wichtige Handlung, ein Objekt oder eine Person zu zeigen. In der nächsten Einstellung wird anschließend wieder zur ursprünglichen Handlung (oder einer ähnlichen Einstellung der ursprünglichen Handlung, des Objekts oder der Person) zurückgeschnitten. Zwischenschnitte zeigen Handlungen, die im → **Master Shot** nicht zu sehen sind. Sie werden oft benutzt, um Anschlussfehler oder sonstige Fehler in der Kontinuität einer Sequenz oder Szene zu verstecken, etwas hervorzuheben oder parallel ablaufende Handlungen zu zeigen. Sie können aber auch rein ästhetisch motiviert sein. Bei → **Reaktionseinstellungen** *(reaction shots)* handelt es sich für gewöhnlich um Zwischenschnitte. Siehe auch den Eintrag zu → **Einschub**.

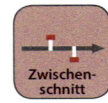

Zwischenschnitt *(intercut)*
Siehe → **Kreuzschnitt**.

Zwischentitel *(title cards)*
Zwischentitel sind Teile gedruckten und anschließend gefilmten Textes. Diese werden dann an verschiedenen Stellen in die gefilmte Handlung hineingeschnitten, in der Regel, um dem Zuschauer gesprochene Dialoge oder Gedanken der Charaktere zu vermitteln (dies betrifft vor allem die → **Stummfilm-Ära**) oder um beschreibende oder erzählende Texte hinzuzufügen, die die im Film gezeigten Ereignisse erklären.

180-Grad-Regel *(180-degree system)*
Die 180-Grad-Regel ist ein Kernelement des → **Kontinuitätsprinzips**, welches verhindern soll, dass der Zuschauer durch unnötige räumliche Sprünge die Orientierung in der Handlung bzw. im filmischen Raum verliert. Sie legt fest,

dass sich die Kamera grundsätzlich nur innerhalb eines der beiden Bereiche links oder rechts der → **Handlungsachse** (oder 180-Grad-Achse) bewegen darf. Die Handlungsachse ist eine gedachte Linie zwischen den beiden dramaturgischen Hauptelementen einer Szene, beispielsweise zwei Charakteren. Die Kamera darf von jeder Position die

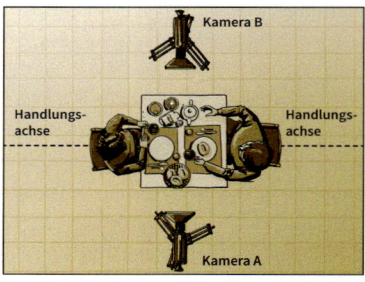

Handlung filmen, solange sie nur auf einer Seite des von der Handlungsachse durchschnittenen Bereichs bleibt. Brüche mit dieser Konvention sind allerdings nicht unüblich und als eigenständiges Stilmittel, dem Achsensprung, bekannt.

30-Grad-Regel *(30-degree system)*

Im → **klassischen Hollywood-Kino** hält man sich mitunter sehr streng an die sogenannte 30-Grad-Regel, die besagt, dass die Kamera zwischen zwei Einstellungen ihre Position zum Motiv um einen Winkel von mindestens 30 Grad verän-

dern soll. Ziel dieser Konvention ist es, Orientierungslosigkeit oder Irritationen beim Zuschauer zu vermeiden, die dadurch ausgelöst werden können, dass sich die beiden aufeinanderfolgenden Einstellungen zu stark ähneln. Ein filmisches Stilmittel, in welchem die 30-Grad-Regel unbeachtet bleibt, ist der → **Jump Cut**, bei dem eine fortlaufende Bewegung oder Handlung durch einen oder mehrere Schnitte unterbrochen wird.

360-Grad-Schwenk *(360-degree pan)*

Ein → **Schwenk**, bei dem die Kamera von ihrer festen Position aus eine komplette Kreisbewegung um sich selbst vollzieht. Die Kamera bewegt sich also auf ihrer vertikalen Achse horizontal im Kreis.

90-Grad-Einstellung *(90-degree shot)*

Eine ungewöhnliche Einstellung, bei der die Kamera sich genau im 90-Grad-Winkel zum Motiv befindet, z. B. wenn eine Figur direkt in die Kamera blickt. Diese → **Komposition** wird normalerweise vermieden, weil sie den Eindruck von Bildtiefe zerstört.
Entsprechend wird auch von der 90-Grad-Regel gesprochen, die besagt, dass diese Kameraposition grundsätzlich zu vermeiden ist. Trotzdem ist es vor allem in experimentellen und nicht-kommerziellen Filmen nicht unüblich, 90-Grad-Einstellungen einzusetzen, weil sie zu sehr ausdrucksstarken Bildern führen können.

90-Grad-Regel *(90-degree rule)*

Siehe → **90-Grad-Einstellung**.

Englische Begriffe und ihre deutsche Entsprechung

abstract film	**Abstrakter Film**
actor and acting	**Schauspieler und Schauspielerei**
aerial shot	**Luftbild**
allusion	**Anspielung**
ambient sound	**Atmo**
ambiguous space	**Mehrdeutiger Raum**
analogous colours	**Analoge Farben**
anamorphic lens	**Anamorphotische Linse**
aperture	**Blende**
arc shot	**Bogenfahrt**
aspect ratio	**Seitenverhältnis, Bildformat**
attached shadow	**Eigenschatten**
auteur theory	**Autorentheorie**
available light	**Vorhandenes Licht**
average shot length	**Durchschnittliche Einstellungslänge**
axial cut	**Ransprung**
axis of action	**Handlungsachse, 180-Grad-Achse**
backlight	**Spitze, Kantenlicht**
balance	**Balance, Gleichgewicht**
below angle	**Extreme Untersicht, Froschperspektive**
bird's-eye view	**Vogelperspektive**
body language	**Körpersprache**
boom (boom up/down)	**Vertikalfahrt, Aufzugsfahrt**
camera angle	**Kameraperspektive**
camera distance	**Einstellungsgröße**
camera height	**Kamerahöhe**
camera movement	**Kamerabewegung**
canted angle	**Gekippter Winkel, Kipper**
canted framing	**Gekippte Kadrage**
cast shadow	**Schlagschatten**
catchlight	**Spitzlicht**
CGI (computer-generated imagery)	**Computerbasierte Bildgestaltung**
cinematic	**Kinematografisch**

cinematographer	**Kameramann, Chefkameramann**
cinematography	**Kinematografie**
circle (shape)	**Kreis**
circle shot	**Kreisfahrt**
classical Hollywood cinema	**Klassisches Hollywood-Kino**
classical training	**Klassische Schauspielerausbildung**
classicism	**Klassizismus**
close-up	**Großaufnahme**
closure	**Auflösung**
colour brightness	**Farbhelligkeit**
colour quality	**Farbqualität**
colour scheme	**Farbschema**
colour wheel	**Farbkreis**
complementary contrast	**Komplementärkontrast**
composition	**Komposition**
continuity editing	**Kontinuitätsprinzip, Kontinuitätsmontage**
continuity errors	**Anschlussfehler**
contrast	**Kontrast**
contrast of pure hue	**Reiner Farbkontrast, Kontrast reiner Farben**
contrast of saturation	**Farbsättigungskontrast, Qualitätskontrast**
convention	**Konvention**
cool-warm contrast	**Kalt-Warm-Kontrast**
costume	**Kostüm**
crane (shot)	**Kran, Kranfahrt**
cross-cutting	**Kreuzschnitt**
cut	**Schnitt**
cutaway (shot)	**Zwischenschnitt**
cutting	**Schneiden**
cutting on action	**Bewegungsschnitt**
cutting on sound	**Auf-Geräusch-Schneiden**
day-for-night shooting	**Tag-als-Nacht-Aufnahme**
decoration	**Dekoration**
deep focus	**Große Tiefenschärfe**
deep space (deep staging)	**Tiefe**
depth of field	**Schärfentiefebereich**

desaturated colours	**Entsättigte Farben**
diegetic	**Diegetisch**
diffuser	**Streulinse, Diffusor**
digital effect	**Digitaler Effekt**
directionality	**Richtungstentenz, Gerichtetheit, Ausrichtung**
director (film)	**Regisseur, Filmregisseur**
director of photography (DP)	**Bildgestaltender Kameramann**
documentary (film)	**Dokumentarfilm**
dolly	**Dolly, Kamerawagen**
dolly shot	**Kamerafahrt**
dub (dubbing)	**Synchronisation, Nachvertonung**
Dutch angle	**Gekippter Winkel**
edit, editing	**Schnitt**
editor	**Cutter**
effect	**Effekt**
elliptical cut	**Ellipse**
elliptical editing	**Elliptische Montage**
ensemble cast	**Ensemblestück**
episodic film	**Episodenfilm**
establishing shot	**Einführungseinstellung**
experimental film	**Experimentalfilm**
expressionism	**Expressionismus**
exterior	**Äußerlich**
exterior light	**Externes Licht**
extreme close-up	**Detail**
extreme long shot	**Weit oder Panorama**
eyeline match	**Blickachsenanschluss**
eye-level angle	**Augenhöhe, Normalsicht**
fade-in	**Aufblende**
fade-out	**Abblende**
fade-out, fade-in	**Abblende, Aufblende**
fast cutting	**Schneller Schnitt, Schnelle Montage**
fast motion (accelerated motion)	**Zeitraffer**
feature (film)	**Spielfilm**
fiction	**Fiktion**
field size	**Feldgröße**

fill light	**Fülllicht, Aufhelllicht**
filmic	**Filmisch**
film movement	**Filmbewegung**
film score	**Filmmusik**
film stock	**Filmmaterial**
film theory	**Filmtheorie**
final cut	**Endfassung**
fisheye lens	**Fischaugenobjektiv**
flashback	**Rückblende**
flash-forward	**Vorausschau**
flat space	**Untiefe**
focal length	**Brennweite**
focus	**Fokus**
following shot	**Verfolgungsfahrt**
footage	**Belichtetes Filmmaterial**
formalism	**Formalismus**
fragmented framing	**Fragmentierte Kadrage, Partielle Kadrage**
frame	**Bild, Kader**
frame enlargement	**Standbildvergrößerung, Kadervergrößerung**
framing	**Kadrage, Kadrierung, Bildgestaltung**
freeze frame	**Standbild, Einfrieren**
gaffer	**Oberbeleuchter**
gauge	**Breite (des Filmstreifens)**
gaze shot	**Blickeinstellung**
graphic vector	**Grafischer Vektor**
great depth of field	**Hohe Abbildungstiefe**
handheld (camera)	**Handkamera, Handkameraeinstellung**
hard light	**Hartes Licht**
hidden cut	**Unsichtbarer Schnitt, Verdeckter Schnitt**
high angle	**Aufsicht**
hight contrast	**Hoher Kontrast**
high-key lighting	**High-Key-Stil**
Hitchcock's rule	**Hitchcock-Regel**

horizon line	**Horizontlinie**
hue	**Reinbunte Farben, Reine Farben**
imbalance	**Ungleichgewicht**
independent film	**Unabhängiger Film**
index vector	**Indexvektor**
insert (shot)	**Einschub**
intercutting	**Zwischenschneiden**
intertextuality	**Intertextualität**
iris shot	**Irisblende**
Italian neorealism	**Italienischer Neorealismus**
key light	**Führungslicht**
kitchen sink realism	**Spülbecken-Realismus**
lap dissolve	**Weiche Blende**
lens type	**Objektive, Objektivarten**
lighting	**Beleuchtung**
light-dark contrast	**Hell-Dunkel-Kontrast**
light quality	**Lichtqualität**
light vector	**Lichtvektor**
line (shape)	**Linie**
location	**Originaldrehort**
long lens	**Langes Objektiv**
long shot	**Totale**
long take	**Lange Einstellung**
loose framing	**Freie Kadrage**
loose shot	**Freie Kadrage**
low angle	**Untersicht**
low contrast	**Geringer/Niedriger Kontrast**
low-key lighting	**Low-Key-Stil**
masking	**Maskieren**
match cut	**Anschlussschnitt**
matte painting	**Vorsatzmalerei**
medium close-up	**Nah**
medium long shot	**Halbtotale**
medium shot	**Halbnah**
Meisner technique	**Meisner-Technik**

monochromacy	**Monochrom**
motif	**Motiv**
motion still	**Standbild**
motion vector	**Bewegungsvektor**
narration	**Erzählung, Erzählstimme**
narrative (film)	**Erzählung**
narrator	**Erzähler**
negative	**Negativ**
negative space	**Negativer Raum**
nonfiction film	**Nicht-fiktionaler Film**
nonlinear editing	**Nichtlinearer Schnitt, Nichtlineare Montage**
nonrealistic setting	**Unrealistischer Schauplatz**
non-diegetic	**Nicht-diegetisch**
normal lens	**Normalobjektiv**
objective camera	**Objektive Kamera**
oblique angle	**Schiefer Winkel**
offscreen sound	**Offscreen-Ton**
omniscient camera	**Allwissende Kamera**
onscreen sound	**Onscreen-Ton**
optical effect	**Optischer Effekt**
optical printer	**Optischer Drucker**
outtake	**Verschnitt**
out of focus	**Unschärfe**
overhead angle	**Extreme Aufsicht, Vogelperspektive**
overlapping action	**Überlappende Bewegung, Überlappende Montage**
over-the-shoulder shot	**Über-die-Schulter-Einstellung**
pace	**Tempo**
panning	**Schwenken**
panning shot	**Schwenk**
pan and scan	**Pan-and-Scan-Verfahren**
parallel editing	**Parallelmontage**
perspective	**Perspektive**
plot	**Handlung**
point of view	**Erzählperspektive**

point-of-view shot	**Subjektive Sicht, Subjektive Einstellung**
positive space	**Positiver Raum**
postproduction	**Postproduktion**
preproduction	**Vorproduktion**
producer	**Produzent**
production	**Produktion**
production still	**Produktionsfoto**
prop	**Requisit**
proxemic patterns	**Proxemik**
publicity still	**Pressefoto**
pull focus	**Umschärfung**
rack focus	**Schärfeverlagerung**
reaction shot	**Reaktionseinstellung**
reading, to read (film)	**(Einen Film) Lesen**
realism	**Realismus**
realistic setting	**Realistischer Schauplatz**
rear projection	**Rückprojektion**
rectangle (shape)	**Rechteck**
reel	**Filmspule, Akt**
reframing	**Re-Kadrierung**
restricted depth of field	**Eingeschränkter Schärfentiefebereich**
re-establishing shot	**Wiedereinführungseinstellung**
roll	**Rollen**
rotate	**Rotieren, Rollen**
rough cut	**Rohschnitt**
running time	**Laufzeit**
satire (film)	**Satire**
saturated colours	**Gesättigte Farben**
scene	**Szene**
screenplay	**Drehbuch**
selective focus	**Geringe Tiefenschärfe**
self-reflexive (film)	**selbstreflexiv**
sequence	**Sequenz**
sequence shot	**Plansequenz, Einstellungssequenz**
set	**Kulisse**
setting	**Schauplatz**
shade	**Schattierung**

shallow depth of field	**Flacher Schärfentiefebereich**
shallow focus	**Geringe Tiefenschärfe**
shallow space	**Flacher Raum**
shooting location	**Drehort**
short film	**Kurzfilm**
short lens	**Kurzes Objektiv**
shot	**Einstellung**
shot/reverse shot	**Schuss-Gegenschuss-Verfahren**
sight line	**Sichtachse**
silent film	**Stummfilm**
slomo	**Zeitlupe**
slow cutting	**Langsamer Schnitt, Langsame Montage**
slow motion	**Zeitlupe**
social realism	**Sozialer Realismus**
soft focus	**Weichzeichner**
soft light or soft lighting	**Weiches Licht**
sound and music	**Ton**
soundtrack	**Tonspur, Tonarragement**
sound effect	**Toneffekt**
space	**Raum**
special effects	**Spezialeffekte**
spiral (shape)	**Spirale**
splice	**Kleben**
staging positions	**Profil- und Körperansichten**
standard aspect ratio	**Standardbildformat**
static shot	**Statische Einstellung, Statische Kamera**
static camera	**Statische Kamera**
stereotype	**Stereotyp**
still	**Standbild**
stop-motion cinematography (animation)	**Stop-Motion-Animation**
story	**Geschichte**
story time	**Erzählzeit**
straight cut	**Harter Schnitt**
structure (film)	**Struktur**
style	**Stil**
subjective camera	**Subjektive Kamera**
subsequent point-of-view (shot)	**Nachträgliche subjektive Sicht**
superimposition	**Doppelbelichtung**

surrealism (film)	**Surrealismus**
suspense	**Spannung**
swish pan	**Reißschwenk**
take	**Aufnahme**
technique	**Technik**
telephoto lens	**Teleobjektiv**
three-point lighting	**Dreipunktlicht**
three shot	**Dreiereinstellung**
tight framing	**Enge Kadrage**
tilting	**Kippen, Neigen**
tilt(ing) shot	**Kippeinstellung**
time-lapse cinematography	**Timelapse-Aufnahme**
tint	**Tönung**
tinted light	**Gefärbtes Licht**
tinting	**Einfärbung**
title card	**Zwischentitel**
tracking (shot)	**Kamerafahrt**
track back	**Rückfahrt**
track in	**Hinfahrt**
track out	**Rückfahrt**
trailer	**Vorschau**
transition	**Überblendung**
triadic colours	**Triadische Farben**
triangle (shape)	**Dreieck**
tripod	**Dreibein, Stativ**
trombone effect	**Posauneneffekt**
two shot	**Zweiereinstellung**
vanishing point	**Fluchtpunkt**
vectors	**Vektoren**
Vertigo effect	**Vertigo-Effekt**
whip pan	**Peitschenschwenk**
wide-angle lens	**Weitwinkelobjektiv**
widescreen	**Breitwandformat**
wipe	**Wischblende**
worm's eye view	**Froschperspektive**
zoom in	**Heranzoomen**

zoom lens	**Zoomobjektiv**
zoom out	**Herauszoomen**
zoom shot	**Zoomeinstellung**
180-degree system	**180-Grad-Regel**
30-degree system	**30-Grad-Regel**
360-degree pan	**360-Grad-Schwenk**
90-degree rule	**90-Grad-Regel**
90-degree shot	**90-Grad-Einstellung**

Register

Bildquellen

AMMMa AG: S. 5, 24 u., 26, 31, 32, 33, 41, 44, 49, 56, 69, 80, 81, 84, 85, 107, 108, © Vincent van Es: S. 11; © Eliot Lash: S. 17 u.; Matthias Berghahn, Bielefeld/Verlagsarchiv Schöningh: S. 19 u., 47, 53, 73, 101, 112, 113, 120; © Caro/Frank Sorge: S. 35 u.; © Zoonar.com/Ingo Schulz: S. 36 o.; © vario images: S. 36 u.; © justinkendra/istockphoto: S. 40; © FOCUS FEATURES/Kobal/FOTOFINDER.COM: S. 77 o.; © Focus Features: S. 77 u.; © Sascha Burkard - Fotolia.com: S. 88; © Mike1024: S. 98; © Konstantin Sutyagin - Fotolia. com: S. 103; © Serg Zastavkin - Fotolia.com: S. 116; weitere: Verlagsarchiv Schöningh

Sollte trotz aller Bemühungen um korrekte Urheberrechtsangaben ein Irrtum unterlaufen sein, bitten wir darum, sich mit dem Verlag in Verbindung zu setzen, damit wir eventuell notwendige Korrekturen vornehmen können.